北京市农业绿色发展水平评价研究

黄映晖　唐　衡　吴欣玥　著

中国农业出版社

农村读物出版社

北　京

图书在版编目（CIP）数据

北京市农业绿色发展水平评价研究 / 黄映晖，唐衡，
吴欣玥著 . —北京：中国农业出版社，2022.9
ISBN 978 - 7 - 109 - 30084 - 2

Ⅰ.①北… Ⅱ.①黄… ②唐… ③吴… Ⅲ.①绿色农
业－农业发展－经济发展水平－研究－北京 Ⅳ.
①F327.1

中国版本图书馆 CIP 数据核字（2022）第 176534 号

中国农业出版社出版

地址：北京市朝阳区麦子店街 18 号楼
邮编：100125
责任编辑：边 疆
责任校对：周丽芳
印刷：中农印务有限公司
版次：2022 年 9 月第 1 版
印次：2022 年 9 月北京第 1 次印刷
发行：新华书店北京发行所
开本：880mm×1230mm 1/32
印张：5.25
字数：150 千字
定价：58.00 元

前言

　　我国农业发展自改革开放以来取得了巨大的成就，但长期以来化肥、农药、地膜等农用化学品投入量也很大，使得农业生产资源约束趋紧、环境污染严重等问题日益突出，不仅对生态文明建设提出了新的挑战，更制约着农业可持续发展。近年，随着经济快速增长，北京市资源消耗与环境污染问题也比较突出，农业生态环境治理迫在眉睫。因此必须高度重视农业生产方式的有效转变，实现农业绿色发展。发展水平评价和生产效率测算都是衡量农业绿色发展的重要方面，有利于全面了解农业绿色发展的现状及存在的问题，为制定农业绿色发展战略政策提供依据，推动北京农业绿色发展，进而引领其他大都市地区农业健康发展。

　　本书主要围绕农业绿色发展水平评价和生产效率测算开展研究，以农业绿色全要素生产率为重点，研究北京市农业绿色发展情况及影响因素。首先，从农业生产空间优化、水土资源保护、农业投入品减量、农业废弃物综合利用、人居环境改善等角度分析北京农业绿色发展现状。其次，从农业资源利用、农业生态环境、农业生产发展和农村社会环境四个方面，构建评价指标体系，对北京农业绿色发展水平进行整体评价。再次，从时序和区域角度，对考虑环境因素和未考虑环境因素的农业绿色全要素生产率进行测算，并将其分解为技术进步与技术效率进行深入剖析。最后，结合 Moran's I 指数验证的北京农业绿色全要素生产率的空间相关性，运用空间杜宾模型探索影响北京农业绿色发展的直接因素和间接因素。

研究发现，北京市农业绿色发展整体呈现向好趋势，但依然存在要素投入有待优化、废弃物利用率不高等问题。北京市农业绿色全要素生产率基本保持增长态势，但是增速有所下降，增长速率从中心城区向远郊区逐渐下降，增长主要驱动力为技术进步，技术效率降低了全要素生产率的增幅。在得出北京市农业绿色全要素生产率存在空间相关性结论后，发现财政支农水平、机械化水平和经济发展水平对本地区生产率具有直接影响，产业结构、机械化程度和经济发展水平存在外部溢出效应，对邻近地区具有间接影响。

基于以上研究，本书提出优化农业生产要素投入，实现绿色增产增效；强化人才支撑，大力支持远郊区农业绿色发展；完善农业创新推广体系，加强区域技术交流合作；加大财政支持力度，提供农业绿色生产动力；促进产业结构转型升级，优化资源配置等建议，以期推动北京市农业绿色健康发展。

本书写作过程中参考了许多前人的研究成果，作者

尽可能详尽地在参考文献中列示，在此对各位专家学者
的贡献致以深深的谢意。限于作者研究水平，书中的错
误和疏漏之处在所难免，衷心希望广大读者提出宝贵
意见。

著　者

2022 年 7 月

目录

前言

1　绪论

1.1　研究的背景与意义

1.1.1　研究背景

农业是国民经济的基础,在国民经济发展中具有重要地位,同时农业也是与生态系统关系最为密切的产业。改革开放以来,我国农业取得迅猛发展,2020 年我国农业总产值达到 71 748.2 亿元,占农林牧渔总产值的 52.1%,农业生产指数超过世界平均水平。一方面,农业经济的快速增长以资源的大量投入为基础,我国自然资源本就相对短缺,长此以往,造成了自然资源难以持续利用的现状。同时,由于化肥、农药、农膜等生产资料的过度投入造成农业面源污染严重,随着污染和浪费的不断加重,环境的自我修复能力不足以弥补污染带来的负面影响,不仅对农产品质量安全造成较大隐患,还产生环境外部不经济现象,制约农业经济的发展。另一方面,经济的快速发展使得人民生活水平逐渐提高,从而对良好生态环境的需求日益强烈。同时对于农产品的需求从数量上的满足转变为品质的提升,传统的农业增长方式已无法满足人民日益增长的美好生活需要。因此,农业绿色发展成为解决农业经济增长与生态环境保护之间矛盾的重要途径。

随着我国进入新时代,农业绿色发展受到高度重视。2016 年中央 1 号文件明确提出夯实现代农业基础、提高农业质量和效益,从农业生态资源保护、环境突出问题治理、食品安全方面推动农业绿色发展。2017 年印发的《关于创新体制机制推进农业绿色发展的意见》强调农业绿色发展是推进农业供给侧结构性改革、加快农业现代化、促进可持续发展的重大举措，并对今后我国创新体制机制、推进农业绿色发展提出了重要意见。随后，党的十九大适时作出了深化供给侧结构性改革、实施乡村振兴战略的重大部署。在《乡村振兴战略规划（2018—2022年）》中进一步明确了构建现代农业产业体系、生产体系，推动农业发展质量变革、效率变革、动力变革，持续提高农业全要素生产率的必要性。

农业绿色发展理念是用最少的投入实现最高效的产出，将传统粗放的生产模式转变为集约型生产模式，并尽可能地减少污染排放，即提高投入要素利用率，增加期望产出，减少非期望产出，从而达到全要素生产率的全面增长，实现绿色全要素生产率的提高。农业绿色全要素生产率是衡量农业绿色发展水平的重要指标。近年，北京市以绿色发展为主线，积极开展农业"调转节"，整合生态技术，农业废弃物资源化利用比例持续增加，农村环境建设效果显著，农业生产保持稳定，农业绿色发展取得了较好成效。北京作为"大城市小农业"的代表，经济发展和农业科技都处于全国领先水平。但是，受多种因素影响，北京农业绿色发展仍面临着诸多瓶颈，例如：北京是一个水土资源短缺的城市，人均用水量181.7米³，是全国人均用水量最少的地区，仅为全国人均水平的1/3；北京的人均耕地面积仅有0.01公顷，是全国人均耕地的1/10左右，远在联合国确定的人均耕地0.05公顷的警戒线以下，而且越来越多的水土资源被配置到城镇、非农产业，由此导致了北京农业用水、用地供需矛盾将长期处于尖锐状态，水土资源刚性约束强。北京生态环境状况有待提高；各区自然资源禀赋不均衡，生态负外部性日益凸显，农业整体生产效率亟待提高。

基于此，在全面梳理北京市农业绿色发展现状的基础上，构建一套科学的评价指标体系，对全市农业绿色发展水平进行客观评价，并将农业经济增长过程中的环境污染问题纳入分析，对北京各区农业绿色全要素生产率进行测算，明确农业绿色全要素生产率的变化趋势、地区差异、增长源泉等内容，有利于全面了解农业绿色发展的现状及存在问题，能够为合理制定农业绿色发展战略政策提供依据，推动首都农业实现可持续发展，夯实经济发展基础。

1.1.2　研究意义

（1）理论意义

近年来，国内诸多学者展开了对农业绿色发展的研究，相关文献逐渐丰富，但多停留在农业绿色发展内涵、现状等方面的研究，基于农业全要素生产率、农业绿色全要素生产率的研究相对较少，对北京农业绿色全要素生产率的研究更是少之又少，北京农业绿色全要素生产率尚存在深入研究的空间。因此，本书结合实际情况，对北京市 13 个区 2010—2019 年的农业投入要素面板数据进行整理分析，在充分考虑农业环境污染的情况下，将农业面源污染纳入农业绿色全要素生产率测算指标体系，以期计算出更符合实际情况的农业生产效率。运用空间计量分析方法，揭示北京绿色农业发展时空差异，对直接和间接的影响因素进行实证分析，以完善农业绿色发展理论体系，丰富农业绿色全要素生产率测算及影响因素的研究成果。

（2）现实意义

对北京市农业绿色发展水平进行评价，并对其绿色全要素生产率进行测算，以全面衡量当前北京农业绿色发展水平，更准确地找出农业绿色全要素生产率的影响因素，为实现农业供给侧结构性改革、乡村振兴奠定基础，为促进农业绿色发展提供建议，为大都市的农业发展提供经验借鉴。

1.2　国内外研究综述

1.2.1　国外研究综述

（1）关于绿色农业的研究

绿色农业最早兴起于欧洲，后在英国、美国等国家逐渐发展壮大。绿色农业发展理论是可持续发展理论、生态经济理论和循环经济理论的延伸和融合，他们均强调经济、生态、社会的逐步融合和协调发展。生态农业最早是由美国土壤学家 W. Albreche 于 1970 年提出的，是"石油农业"的对立概念，众多学者认为，生态农业是世界农业发展的一个重要阶段。生态农业是以生态学和经济学原理为基础，以现代科技成果和现代管理为手段，借鉴传统农业的优良做法及经验，获得良好的经济效益、生态效益和社会效益的现代高效农业。自 20 世纪 30 年代初英国学者霍华德提出有机农业的概念并推广以来，英国成为世界上最早进行有机农业试验和生产的国家之一，有机农业在英国得到了广泛的发展。在美国，学者罗代尔（J. I. Rodale）最早建立了第一个有机农场。1974 年，该研究所在扩大农场和以往研究的基础上成立，成为世界著名的有机农业研究所。1988 年美国国会通过了"低投入可持续农业（LISA）"方案。美国农业部的低投入农业课题组主持人纳什·史可乐认为：低投入可持续农业实际上是强调通过加强管理和技能性劳动，主张尽可能减少化肥和农药的使用，但不完全排斥化工产品和现代农业技术的适当使用，立足于生态效益提高和生态环境保护并举。

日本在 1975 年提出"有机农业""绿色农业""自然农业"等多种叫法的可持续农业，并选择了"环保型可持续农业"。1992 年日本政府将"环境保全型农业"定义为"发挥农业特有的物质循环机能，持续注意与生产效率的协调，通过减轻由于使用化学肥料和农药而造成的环境负荷的可持续农业。"进入 21 世纪以后，日本进入全面实施农业可持续型发展阶段。

在经历了工业的高速发展之后，绿色农业逐渐在全球范围得到高度关注和快速发展。联合国提供了五项绿色农业的关键原则：畜牧作物一体化；利用储存和加工设施减少作物收获后的农业废弃物；确保作物轮作多样化；采用环境可持续的措施控制杂草和害虫；使用自然和可持续的投入要素。P. Koohafkan（2012）给出了自然资源管理系统可持续性的七个一般属性定义：生产力、稳定性、可靠性、弹性、适应性、公平性和自力更生。可再生农业能源是减少能源消耗的绿色选择，太阳能、热能、光伏、地热、风能和水能都是可能的选择。A. Kahn（2014）提出绿色农业融合了利润、环境管理、公平、健康、商业和家庭等方面的农业背景，并认为使用绿色技术和农业实践将使人们能够在不破坏地球资源环境的情况下继续农业的发展，因此绿色农业是农业的未来。A. Bianco（2016）针对绿色农业与就业展开研究，认为农业一直是一个生产性的经济部门，绿色农业和绿色就业在促进社会发展和可持续性方面发挥着关键作用，传统农业向绿色农业的过渡带来了更多的就业机会。Matthew N. O. Sadiku（2020）认为绿色或可持续农业基本上是以可持续的方式耕作，不像传统农业，利润率是唯一的因素，绿色农业由三个主要因素定义：经济利润、环境管理和社会责任。绿色农业是利用发达的现代农业和可持续性概念来改进传统农业技术，促进农业发展。

（2）关于全要素生产率的研究

全要素生产率（Total Factor Productivity）是用来衡量经济增长的重要因素，通过分析影响经济增长的各种因素来考察生产率的提高对经济增长的贡献。生产率一般分为单要素生产率和全要素生产率，单要素生产率为产出与单一投入要素之比，衡量的是单一要素的产出效率，由于单要素生产率在投入多种要素时无法测度各个要素对产出的贡献，也无法解释技术进步等其他因素对产出的贡献。基于上述局限性，Tinberger（1942）在原有基础上，将时间、资本、劳动力因素加入分析中，形成了全要素生产率的雏形。美国经济学家 Robert M. Solow（1957）改进完善了全要素生产率这一概念，因此也叫"索罗余值"，衡量的是包括资源、劳动、资本等全部投入要素的产出效率，可以更加全面、整体地分析经济增长状况。

随后，各个国家的学者陆续开展了关于全要素生产率的研究，对于全要素生产率的测算方法主要分为参数法（C-D 函数法、代数指数法、超越对数生产函数法）和非参数法（指数法、数据包络分析法、DEA-Malmquist）两大类，其中应用较多的是数据包络分析法（DEA），该方法及其模型是由美国著名运筹学家 A. Charnes 和 W. W. Cooper 在 1978 年首先提出来，被广泛应用于不同行业，研究多产出指标和多投入指标的生产效率问题。

Alberto Colino（2014）认为全要素生产率主要与技术进步有关，是一段时间内以及各国之间差异最大的原因。研究了 1965—2010 年经济合作与发展组织（OECD）中 26 个国家的全要素生产率增长的决定因素，将其分解为技术效率的变化和技术随时间的变化。Pegah Masoudi（2015）通过测算农业方面的全要素生产率，发现全要素生产率的增长对伊朗农业部门的经济增长具有显著的积极影响，另外，劳动和投资比例的增长对经济增长也具有显著的积极影响。政府农业支出对经济增长影响不大。Daniel Solís（2015）等人研究调查了全要素生产率的变化，并确定了墨西哥湾红鲷鱼商业渔业采用个人捕捞配额（IFQ）计划后全要素生产率增长的主要来源。分析表明，大多数生产率的提高归因于技术效率的提高。Asif Reza Anik（2020）通过研究 1969—2013 年世界农业的全要素生产率的增长情况，发现世界农业全要素生产率的年增长率为 0.44%，这一增长主要是由于技术进步和混合效率的变化而造成的，而技术效率和规模效率的变化则可忽略不计。全要素生产率的增长因地区而异，南亚位居榜首（年均 1.05%），东亚和太平洋地区（年均 0.18%）排在最后。全要素生产率成分在各地区之间产生了不同的影响。例如，混合效率在撒哈拉以南非洲、中东和北非地区起着主导作用，而在拉丁美洲和加勒比地区则是技术效率的变化起主导作用。

（3）关于绿色全要素生产率的研究

随着世界经济的飞速发展，全球环境问题日趋严峻，为了实现全球生态环境的可持续性，必须在经济、社会、环境方面找到可持续发展的平衡点，但是传统的全要素生产率只考虑了经济层面的产出，而忽视了环境污染带来的负面影响，进而无法准确衡量全要素生产率的水平，此后，研究学者便尝试将环境因素加入指标体系的构建中。Pittman（1979）在测算威斯康星州造纸厂全要素生产率中首次将污染问题作为非期望产出纳入分析。在之后的研究中，主要形成了两种思路，一种是将环境污染变量作为投入要素进行衡量，如 Hailu 和 Veeman（2001）针对加拿大造纸业生产率进行的分析。另一种是把污染变量作为非期望产出进行进一步的研究，如 Chung 和 Färe R（1997）等人针对瑞典纸浆业进行的全要素生产率的测度。Oskam（1991）将环境污染纳入农业生产效率，考虑了农业生产带来的大气污染、地表及地下水污染、土壤污染以及农业生产对自然景观破坏等负的外部效应。Ball 等（2001）将杀虫剂、氮的流失与淋失作为坏的产出，对美国 1972—1993 年农业生产效率进行测算，发现水污染减少的州的农业生产效率较高。在研究方法上，Tone（2001）提出了非径向、非角度的 SBM 模型，解决数据包络分析中的松弛问题，使绿色全要素生产率的测度更加精确。Oh（2010）构建了 Global Malmquist-Luenberger（GML）生产率指数，能够解决 ML 指数不具备传递性及线性规划无解问题。Wawan Rusiawan（2015）探讨了绿色全要素生产率的概念，以实现印度尼西亚的可持续发展。对国内生产总值、劳动生产率、资本存量和二氧化碳排放量的时间序列数据进行了分析，评估二氧化碳强度对全要素生产率的影响，以提高生产率并减少二氧化碳的排放。

1.2.2　国内研究综述

（1）关于农业绿色发展的研究

当前我国学者从不同的角度对农业绿色发展进行了阐述。于法稳（2016）在分析习近平绿色发展理论产生背景的基础上，阐述了其科学内涵及重要意义，探讨了在绿色发展理论指导下，提出推动农业转型发展的几点建议：除了从思想上认识到农业绿色转型发展的重要性，还要厘清转型过程中的关键问题，并着力解决好水土资源保护和生产环节规范等关键问题。赵丹桂（2018）认为我国农业绿色发展转型升级具有推进生态文明建设、推进农业现代化建设、实现乡村振兴战略的重要意义，同时指出了我国生态资源不足、农业生态污染严重、农产品质量和竞争力不足、劳动力资源水平较低等问题。袁久和（2019）通过研究我国农村绿色发展的影响因素及其发展水平，发现资源与环境承载力在很大程度上制约了我国的绿色发展。孙炜琳（2019）认为农业绿色发展不单单指农业生产方式的绿色化、生态化，还包括农业资源保护、农业生态系统修复等内容，并且成为农业绿色生产方式的重要路径。马文奇（2020）比较了农业绿色发展与农业可持续发展的异同，对农业绿色发展有了进一步的认识，认为农业绿色发展是以食物系统为对象，以绿色和发展为主题，围绕社会经济、资源与生产、生态环境三大支柱，依据农业和食物系统物质、信息、价值和能量流动规律，通过绿色政策、资本、服务、技术、产品、知识、工程等创新和实施，实现农业相关的社会、经济、建设、生态、环境、资源等目标协同提升的一种农业发展新模式。李嵩誉（2020）基于农业绿色发展过程中现行的法律规范无法为其提供完善制度保障的问题进行研究，认为农业绿色发展法律机制应从基本制度体系、机制安排与责任保障等方面进行建构与完善。

（2）关于农业绿色发展评价的研究

任运河（2006）以绿色农资采购、绿色生产、绿色加工、绿色营销和绿色文化构建山东省农业绿色发展评价指标体系。严立冬与崔元锋（2009）利用经济学中的恩格尔系数、帕累托效率及柠檬市场理论对绿色农业的概念进行了推导，认为农业绿色发展不是一种全新的概念，而是社会发展过程中农业的高级化过程。郭迷（2011）通过构建绿色发展指标体系并研究指出，绿色与发展不是对立关系，实现农业的绿色发展是十分必要的。再者，经济的快速发展也为农业绿色发展提供了相应的保障。屈志光等（2013）基于多任务代理对农业绿色发展进行研究，结果表明政府在农业绿色发展过程中占主导地位，绿色农业因其等级认证的规范性是未来我国农业绿色发展的主要方向。王兴贵（2014）利用 SWOT 分析法，以甘孜州为例，分析了其农业绿色发展的优势、劣势、机遇和威胁。我国于 2011 年由国家统计局中国经济景气监测中心、北京师范大学和西南财经大学合作发布了《2011 中国绿色发展指数报告》，报告完整地构建了绿色发展指标体系，囊括了经济的绿色增长、资源与环境的承载、政府政策三个部分的一级指标。刘纪远等在基于国外绿色发展的基础上，以人力资本、经济资本、自然资本、社会资本为核心研究了我国西部地区绿色发展的路径，提出了符合西部地区实际情况的绿色发展概念框架。2016 年国家发展改革委联合国家统计局、环境保护部、中央组织部制定了《绿色发展指标体系》和《生态文明建设考核目标体系》作为官方考核依据，2017 年 12 月发布的《2016 年生态文明建设年度评价结果公报》显示，山西排名靠后。岳文博（2016）从中国农业绿色发展的相关背景入手，根据生态农业学、经济学等理论构建了中国农业绿色发展指标体系并进行评估。卿诚浩（2017）基于熵值法，构建了农业绿色发展评价指标体系，对我国 31 个省份农业绿色发展进行了综合评价，认为我国存在区域不平衡、农业绿色发展基础薄弱等问题。魏琦等（2018）从资源节约、环境友好、生态保育、质量高效四个角度构建了农业绿色发展指标体系，对全国农业绿色发展水平进行分析，得出浙江的综合得分最高，其次是上海、四川、青海；河南的综合得分最低，宁夏、山东、河北、山西、新疆的综合得分也较低。张乃明等（2018）从资源节约、环境友好、乡村发展、产品安全四个方面构建了指标体系，并对云南省保山市进行了分析，结果显示，保山市的 5 个区县中腾冲市农业绿色发展状况良好，隆阳区、昌宁县和龙陵县农业绿色发展状况中等，施甸县农业绿色发展状况较差，评价结果与实际情况总体相符。

（3）关于农业绿色全要素生产率测算的研究

20 世纪 80 年代，我国学者展开了全要素生产率测算的研究，随后，越来越多的学者加入其中，并对农业绿色全要素生产率的测算进行研究。张永霞（2006）基于 1979—2003 年的面板数据，采用 Tornqvist 指数法测算了我国农业全要素生产率的增长率，采用 Malmquist 指数法测算了各省份的农业全要素生产率的增长率。随着对农业绿色全要素生产率认识的不断深化，测算方法得到优化。王奇（2012）在研究中提到全要素生产率的测算方法主要包括非前沿方法（Non-frontier Approach）与前沿方法（Frontier Approach）。非前沿方法假定不存在生产技术无效率，主要包括指数法和生产函数估计方法。前沿方法考虑了技术无效率，包括非参数的数据包络分析（Data Envelopment Analysis，DEA）和参数的随机前沿分析（Stochastic Frontier Analysis，SFA）两种方法。DEA-Malmquist方法可以进一步将技术效率变化分解为纯技术效率变化和规模效率变化，而 SFA-Malmquist 方法可以将衡量的内容扩展到规模效率变化和配置效率变化。随后采用 SFA 和 Malmquist 指数相结合的方法，将农业生产中的氮磷流失作为一种要素投入，测算了中国农业 1992—2010 年的绿色全要素生产率变化指数，并与传统的全要素生产率进行了比较分析。结果表明，从全国层面来看，研究期内我国农业绿色全要素生产率年均增长与传统的全要素生产率基本相同；分解分析表明，我国农业绿色全要素生产率和传统的全要素生产率的增长均主要依靠技术进步推动，技术效率的降低抵消了部分技术进步的效果，纳入环境要素后技术效率的下降趋势和技术进步的增长趋势都有所放缓。分区域来看，东部地区绿色全要素生产率年均增幅高于其传统的全要素生产率，中部地区二者基本相等，西部地区前者年均增幅低于后者。许冬兰（2016）回顾绿色全要素生产率的测算方法并对各测算方法的适用性进行了总结。葛鹏飞（2018）基于 SBM-DDF 的 Luenberger 指数，利用 Matlab7.0 对2001—2015 年中国 31 个省份的农业绿色全要素生产率进行测度，并分析了其时空演变和收敛性。贾淼（2019）以 2000—2016 年河南省农业发展数据为样本，利用 DEA 非参数效率模型，对比分析了基于投入角度的 CCR、BCC、Super-SBM 三种不同模型下的效率结果，并深入探讨了各年度不同投入指标之间的改进变动。杜红梅（2019）构建了非径向、非角度 SBM 模型，对优势产区和主产省生猪养殖绿色全要素生产率增长进行核算与分解。李婷（2019）通过非期望产出的 EBM 模型及 ML 指数对 1998—2016

年河南省农业绿色全要素生产率从时间、区域和地市角度进行综合分析，发现虽然河南省整体上农业绿色全要素生产率呈现上升趋势，但是区域差异明显，13 个无效率地区的冗余率较高，依然存在进一步完善的地方。李文华（2019）采用 SBM 模型并结合 GML 生产率指数对中国 2000—2016 年农业绿色全要素生产率进行测算，并分解为技术进步与技术效率两部分内容。王淑红（2020）利用 1991—2016 年 27 个省（区）的粮食生产投入产出数据，采用相同的方法测度了各省粮食绿色全要素生产率指数，分析了农业劳动力老龄化对粮食绿色全要素生产率变动的影响，发现农业劳动力老龄化与我国粮食绿色全要素生产率变动之间呈现出显著的 U 形关系。

（4）关于农业绿色全要素生产率空间相关性的研究

空间相关性可分为全局空间自相关和局部空间自相关，郭敏（2017）、李吉江（2017）、汪晓文（2019）、刘召（2019）等人都对此进行了简要阐述，全局空间自相关是用来衡量某一指标整体上是否具有空间聚集特征，但是无法具体反映各区域的空间相关性聚集程度和具体位置，一般使用 Moran's I 指数和 Geary's C 系数作为衡量空间自相关的全局指标。局部空间自相关可以弥补全局空间自相关的弱点，不仅可以计算某一局部区域的空间聚集程度的大小，还可以指出聚集情况的具体位置。通常选用 Moran's I 散点图和空间关联局部指标 LISA（Local Indicators of Spatial Association）地图来直观描述区域的相互依赖。

赵振宇（2020）挖掘北京市可再生能源资源的空间分布特征，对可再生能源资源进行了空间相关性检验，研究发现北京市可再生能源资源总体呈现"北丰富、南贫乏""四周丰富、中心贫乏"特征。马云博（2020）在对区域经济的空间相关性因素采用构建模型的方法进行研究时，先采用 Moran's I 指数进行研究，再用 B-M 指数对区域经济存在的差异进行揭示，最后再根据回归模型进行因素分析。张仁杰（2019）对 2007—2016 年能源消费碳排放进行了空间自相关检验，发现研究期内 Moran's I 指数始终为负，但 P 值和 Z 值并不显著，说明碳排放具有较弱的空间自相关性。金赛美（2018）运用 Moran's I 对 2005—2016 年中国 30 个省市的农业绿色发展情况进行分析，研究显示我国农业绿色发展并不是处于随机分布状态，而是呈现出显著的空间正相关性。李欠男（2019）采用 Global Moran's I 指数探究农业绿色全要素生产率全局空间相关性特征，发现河北省农业绿色全要素生产率的空间相关性呈现波动下降趋势，随后，采用 Getis-Ord G 指数探究 2001 年和 2016 年农业绿色全要素生产率的局部空间相关性，运用地图直观展示了冷、热点区域的变化情况。

（5）关于农业绿色全要素生产率影响因素的研究

我国学者运用不同的模型针对农业绿色全要素生产率的各方面影响因素进行了分析。辛文（2017）运用空间杜宾模型直接效应、间接效应和总效应，从经济发展水平（人均 GDP）、产业结构（二产占比）、对外开放水平（实际使用外商投资额）、能源消耗强度、禀赋结构（资本劳动比）几方面对长三角地区农业绿色全要素生产率的影响展开研究，结果显示，经济发展水平对本地区绿色全要素生产率具有明显的促进作用，但是对相邻地区绿色全要素生产率的影响不明显；二产占比的提高会导致本地区和相邻地区绿色全要素生产率的下降；对外发展水平不仅会导致本地区绿色全要素生产率的提高，而且有利于相邻地区经济增长的绿色发展；禀赋结构的优化是通过促进相邻地区绿色全要素生产率提高进而对本地区产生正面影响；但是能源消耗的增加会对所有地区的绿色全要素生产率提升造成巨大的压力。李丽（2017）使用固定效应模型研究了农村居民收入水平、农业产业结构调整、农业灌溉设施投资、农村产业政策、农业价格政策变量、城乡收入差距、区域工业发展程度、对外开放水平、区域产业集聚多种因素对黑龙江省农业绿色全要素生产率的影响程度。李文华（2019）选取面板 Tobit 模型，从全国层面及东、中、西三大地区层面分析农业经济发展水平、人力资本及政府财政支持等内容对农业绿色全要素生产率的影响。谭红英（2019）采用相同的模型，以农业绿色生产效率作为被解释变量，自然灾害、财政支农力度、农业科技投入、农业机械化水平、农田水利设施水平、农民人力资本等为解释变量，对长江经济带农业绿色生产效率的影响因素进行回归分析。李婷（2019）探讨各主要因素对河南省农业绿色全要素生产率的具体影响机制，发现政府支农政策、农业科研投入、产业结构对于生产率的提高具有促进作用，而农业资本投入、城市化水平对生产率的提高产生了负面影响。叶初升（2016）运用 GMM 方法检验中国农业财政支出对农业绿色全要素生产率的影响，认为财政支农有助于农业绿色全要素生产率水平的提高，并且这种推动作用具有一定的滞后性。高杨（2018）借助空间杜宾模型和偏微分方法，探讨农业信息化对农业绿色全要素生产率的影响，并将其分解为直接效应和空间溢出效应。伍国勇（2020）同样采用空间杜宾模型对种植业碳生产率影响因素进行实证分析，农业产业结构、农民受教育水平、农业经济发展水平、农村电力基础设施对提高种植业碳生产率有显著的促进作用；农业机械化水平与种植业碳生产率呈 U 形关系；农作物受灾程度和家庭农地经营规模则显著抑制了种植业碳生产率的上升。除此之外，梁俊（2015）、王利（2017）、李兆亮（2017）、杨秀艳（2018）、王倩（2019）等众多学者都对农业绿色全要素生产率的影响因素进行了研究。

1.2.3 国内外研究评述

通过文献梳理发现，国内外学者对农业绿色发展的研究一直在不断完善，学术界取得了丰富的研究成果，为本书的研究奠定了坚实的理论基础，提供了有益的经验借鉴。但是，目前关于农业绿色全要素生产率分析的研究结果还未统一，并未形成系统的分析框架。在测算分析中，往往出现研究对象不统一的情况，一部分研究以农、林、牧、渔业为研究对象，一部分研究以种植业为代表的狭义农业为研究对象，还有少部分研究并未明确表述具体研究对象，因而容易造成研究目标不明确及数据选取方面存在混乱的局面；在投入指标方面，同样较少考虑农业的非期望产出；在影响因素方面，大部分文献采用传统的计量模型，忽略了地区空间关联性及空间效应，区域的生产行为在空间上有一定交互作用；在研究对象层面，往往多集中于全国和省级层面的研究。

基于上述分析，本研究在梳理总结北京农业绿色发展现状的基础上，构建了一套指标体系对其发展水平进行测评；对北京农业绿色全要素生产率进行测算研究，应用空间计量模型先对北京农业绿色全要素生产率的空间相关性进行检验，然后对其影响因素进行全面分析，在此基础上提出相应的对策建议。希望通过本书的研究，能够更进一步地促进北京农业绿色发展，同时，为类似的大都市农业发展提供经验借鉴。

1.3 研究目标和内容

1.3.1 研究目标

在促进农业转型升级，推动乡村振兴的战略背景下，本书将绿色发展理念融入农业经济发展，系统总结近年北京市农业绿色发展水平取得的成效，利用指标评价法对其发展水平进行测评。从时间和空间维度测算了北京及各区的农业绿色全要素生产率水平变化，深入了解农业绿色全要素生产率的促进因素和阻碍因素，进一步优化了资源配置，并提出相关建议，对促进经济、环境、社会三者和谐发展具有重要的现实意义。

1.3.2 研究内容

本研究主要包括以下七个方面的内容。

第一部分：绪论。从农业绿色发展水平测算的研究背景、研究意义出发，梳理了国内外相关研究综述，并对研究目标、具体内容、研究方法和研究框架进行介绍，最后提出本研究可能的创新点。

第二部分：相关概念及理论基础。对农业绿色发展的概念、内涵等进行阐述，在此基础上对农业绿色全要素生产率的核心概念做详细论述，并借助相关理论构建本研究的理论框架。

第三部分：北京农业绿色发展现状分析。本书首先梳理了北京农业产业发展概况，随后从农业生产空间优化、水土资源保护、农业投入品减量、农业废弃物综合利用、农村人居环境方面进行归纳和重点分析，为后续的农业绿色全要素生产率的测算提供数据支撑。

第四部分：北京农业绿色发展指标评价。围绕农业绿色发展的概念与内涵，结合北京都市农业发展实际情况，从农业资源、农业生态环境、农业生产发展和农村社会环境四个方面构建了评价指标体系，并利用指标评价法对北京市农业绿色发展水平进行客观评价，从整体上对其发展阶段进行衡量。

第五部分：北京农业绿色全要素生产率测算分析。根据现有文献和研究结果，为避免投入指标选取不合理、投入产出指标选取不对应等问题，本研究以种植业为主的狭义农业为研究对象，构建北京农业绿色全要素生产率测算的指标体系，选取非期望产出的 SBM 模型与 ML 生产率指数相结合的方式，对北京农业绿色全要素生产率进行测算，并分解为绿色技术进步与绿色技术效率两部分内容。从时间角度分析北京市整体农业绿色全要素生产率的变化趋势，与未考虑环境因素的农业全要素生产率进行对比，明确绿色技术进步与绿色技术效率对提高（降低）农业绿色全要素生产率的影响程度；从空间角度分析北京农业绿色全要素生产率区域差异，明确农业绿色全要素生产率的时空差异性。

第六部分：基于空间计量模型的影响因素实证分析。运用 Moran's I 指数检验北京农业绿色全要素生产率是否具有空间自相关性，从全局空间自相关和局部空间自相关两方面进行检验。由于一个地区的农业绿色生产效率不仅会受本地区的经济社会与自然因素的影响，也会受到邻近地区农业绿色生产效率以及相应因素的影响，因此选取城镇化水平、财政支出水平、产业发展水平等可能影响北京农业绿色生产效率的因素，运用空间杜宾模型对农业绿色全要素生产率的影响因素进行空间计量估计，从直接效应、间接效应和总效应方面分析其对北京农业绿色发展的影响程度。

第七部分：研究结论与对策建议。首先对全书农业绿色发展现状、发展水平、绿色全要素生产率测算、影响因素等研究内容进行总结。其次，在梳理研究结论的基础上，提出促进北京农业绿色发展水平提高的对策建议，以期为北京的农业绿色发展提供切实可行的参考意见。最后，提出研究的不足之处与未来展望。

1.4 研究方法

(1) 文献分析法

通过对我国农业绿色发展相关政策资料进行搜集，了解农业绿色发展的重点方向，进一步分析北京农业绿色发展的路径；分类整理大量有关农业绿色发展水平评价和绿色全要素生产率的论文、网络资料、著作等，掌握农业绿色发展研究领域的进展和已经取得的成果；阅读国内外学者关于农业绿色全要素生产率的研究文献，归纳农业绿色发展全要素生产率的研究结论的经验，总结研究过程中出现的问题与不足。为本研究奠定理论基础的同时，明确了研究方向和研究方法。

(2) 多指标综合评价法

根据农业绿色发展的内涵界定，从农业资源、农业生态环境、农业生产发展和农村社会环境四个维度选取 20 个评价指标，构建农业绿色发展评价指标体系。利用线性加权法将各单项指标的得分加总，得到指标体系的总得分。同时，根据各单项指标及二级指标的得分情况，对北京市农业绿色发展水平进行测评。

(3) 数据包络分析法

本研究选取 2010—2019 年北京市 13 个区（除东城、西城、石景山）作为 DMU（决策单元），从土地、劳动力、机械、化肥、农村用电量方面入手构建投入指标，以农业产值作为期望产出，选取碳排放和农业面源污染作为非期望产出，借助 MaxDEA 软件，运用 DEA 中的非期望产出的 SBM 模型，并结合 ML 指数对北京农业绿色全要素生产率进行测算。

（4）空间计量分析法

首先，运用 Moran's I 指数检验北京农业绿色全要素生产率的空间相关性，从全局和局部两个角度深入剖析。随后运用 Stata 软件检验并建立空间计量模型，运用空间杜宾模型研究机械化水平、城镇化水平、第二产业发展水平、财政支出水平等因素对农业绿色全要素生产率的影响程度。从而更好地揭示各区农业绿色全要素生产率存在差异的原因。

（5）比较分析法

选取北京 13 个区 2010—2019 年农业绿色发展情况进行时间维度和空间维度上的对比分析，既可以反映 2010—2019 年北京绿色农业发展的变化过程，也能分析出绿色全要素生产率的空间分布特征和各区之间的差异。对影响因素的直接效应、间接效应和总效应进行比较分析，进而为北京农业绿色发展提供更有效的建议。

1.5 本研究创新与不足之处

1.5.1 本研究可能的创新点

当前关于农业绿色全要素生产率的研究大多是基于全国层面的，从市、区等层面开展研究不多，尤其是对大都市农业绿色全要素生产率的研究较少。北京作为国家首都，经济社会发展水平在我国领先，北京都市农业发展在我国农业发展格局中占据重要战略地位。基于此，本书以北京农业绿色全要素生产率作为研究对象展开相关研究。对北京农业绿色全要素生产率进行测算后，检验北京各研究区域的空间相关性，将区域间的间接影响因素考虑其中，从整体上更全面地对农业绿色发展的影响因素进行分析，提出更适合北京农业绿色发展的建议。

1.5.2　不足之处

　　农业绿色发展涉及方面较广，考虑到数据的可得性，在进行研究时不可能将所有相关指标全部纳入其中进行分析，因此只选取了最重要的指标进行测算，测算结果可能不够精准，但是对整体结论没有较大的影响。

2 相关概念与理论基础

2.1 相关概念

2.1.1 全要素生产率

全要素生产率（Total Factor Productivity，TFP）的概念是在单要素生产率概念的基础上发展而来的。生产率是用来衡量每单位投入的产出量，用来表示产出与投入比例的经济术语。生产率又分为两种——单要素生产率和全要素生产率，单要素生产率指的是一种要素投入，如资本、劳动、土地等投入与产出的比例。提升单要素生产率是我国"十一五""十二五"期间节能减排的目标，比如能源强度降低到一定水平。但在现实生产中，投入要素往往不止一种，而是各种要素的投入组合，所以全要素生产率是衡量单位总投入的总产量的生产率指标，相当于所有的产出总和除以所有的要素总和。从本质上来讲，全要素生产率反映的是各国家、地区为了实现脱贫，达到经济有效发展，在一定时期表现出来的能力和努力程度，是对经济增长质量的阐述，是技术进步对经济发展的作用的综合反映。正如十九大报告中指出的，要推动经济发展的质量变革、效率变革、动力变革，提高全要素生产率。

根据陈诗一（2010）对经济增长的研究，经济增长一方面来自生产要素投入数量的增加，另一方面来自技术进步与效率的提高，这部分就是不能被生产要素增长所解释的部分，被称为全要素生产率。进而，可以将全要素生产率分解为技术进步（Technological Change，Techch）与技术效率（Efficiency Change，Effch），其中技术效率部分又可以进一步分解为纯技术效率（Pure Efficiency

Change，Pech）与规模效率（Scale Eficiency Change，Sech）两部分。其中，技术进步指的是科学知识的发现、生产技术的创新、发明创造等带来生产率的提高；纯技术效率指的是在生产中由于制度、管理的创新以及生产熟练度提升等带来的生产率的提高；规模效率指的是由于企业规模的扩大使生产更加精细和专业化而带来的生产率的提高。

基于现有研究，本研究将全要素生产率的概念定义为：在经济增长中，扣除劳动、资本、土地等要素投入带来的增长部分，剩下的由技术进步与效率提高带来的生产率的提升，这部分生产率反映了经济增长的质量。

2.1.2 绿色全要素生产率

随着环境污染、资源保护、可持续发展概念的提出，展现出了全要素生产率的局限性，没有考虑环境因素和资源消耗因素，因此，在1994年亚太国际会议首先提出了绿色生产（Green Productivity）的定义，即在保证经济增长的同时，将环境因素考虑其中。在1998年的联合国环境署第五次国际清洁生产高级研讨会上，"绿色全要素生产率"（Green Total Factor Productivity，GTFP）的概念在《国际清洁生产宣言》一文中首先被提及。此后，随着生产过程中资源枯竭以及环境恶化的问题日益严峻，越来越多的学者在评价经济效益时开始把资源和环境因素纳入研究范围中，认为资源和环境在作为经济发展内生变量的同时，也充当经济发展刚性约束这一角色。

起初，许多学者将环境污染作为一种变量，与资本、劳动力、土地等一起纳入生产函数中，此时的环境污染看作为"未支付的投入"，依此计算的全要素生产率即为绿色全要素生产率。在后续的研究中发现，环境污染不是生产的投入要素，而是期望产出生产总值的负产品，应在生产函数列为非期望产出。但是把环境因素考虑到生产函数中，由于环境污染是坏的产出，而经济学理论中要求用最小的资源产生最大的产出，所以，环境作为一种非期望产出不应该使其最大化，也违背了可持续发展的初衷。Chung 等（1997）在测度瑞典纸浆厂的生产率时，把环境污染作为非期望产出，利用 SBM-DEA 的方向性距离函数与 Malmquist-Luenberger 模型，在综合考虑了资源环境因素的情况下，从方法上第一次估算得到绿色全要素生产率。

基于此，本研究将"绿色全要素生产率"定义为：在传统以资源为投入要素、以农业生产总值等为期望产出核算全要素生产率的基础上，把污染排放作为非期望产出，纳入核算生产率体系之中，依此得到的农业全要素生产率为农业绿色全要素生产率。

2.2 理论基础

2.2.1 可持续发展理论

在工业社会时期，人类提倡征服自然，认为人定胜天，人地关系非常不协调，环境问题达到巅峰，1945 年后，各国取得民族和国家的独立，人口得到快速增长，人口压力、资源危机和环境污染等问题更加严重。随着社会生产力的发展，人地关系认识不断深化和全面，为寻找既健康又经济的发展模式，在 20 世纪 80 年代末第一次提出了可持续发展这一想法，是对世界不断增长的环境和社会问题的回应，该术语在 1987 年的里约地球峰会被正式定义。对于可持续发展来说，生态可持续是基础，经济可持续是条件，社会可持续是目的。进一步理解为人类需要从生态环境中获取生存资料和资源，一味追求经济发展，破坏自然环境，将造成自然资源短缺，人类没有生存之本。所以生态可持续是基础。不断追求发展的目的是为了提高生活质量，提高生活水平，创造平等的社会环境，促进人类社会不断发展，因此社会可持续是目的。只有经济增长、技术提升才有资金和技术去解决贫富差距过大、受教育水平较低、医疗保障不完善等社会问题，解决生态污染、环境恶化等环境问题，所以经济可持续是条件。

在改革开放之初，我国把发展定义为经济的发展，以牺牲环境为代价换取经济的片面增长，导致了社会贫富差距过大，造成社会无法可持续发展，长期粗放的经济发展，也将造成环境的不可持续。在后续的转型中需要将污染经济向生态经济转型，不可持续发展向可持续发展转型。注重环境友好发展的同时，加强技术创新，提高资源利用效率，逐步实现可持续发展。可持续发展是既满足当代人的需要，又不对后代人满足其自身需求的能力构成威胁的发展模式，可持续发展并非是片面的经济的发展，而是经济、生态、社会全方位的发展。

2.2.2 绿色发展理论

在《2002 中国人类发展报告：绿色发展，必选之路》中，首次提出我国应走绿色发展的道路。绿色发展将环境资源作为经济发展的内在因素，经济发展必须在生态环境和资源的可承载范围内，抛弃盲目追求经济增长的粗放发展方式。绿色发展是在尊重生态环境的前提下开展经济活动，并将"绿色"贯穿整个生产过程中，在实现经济增效的同时，促进人与自然和谐发展，是在可持续发展理论基础上演化而来的。

习近平总书记也对绿色发展做了重要解读，指出绿色发展前提是转变经济发展方式；发展循环经济是手段；绿色技术是支撑；协调经济与生态关系是基本要求；绿色消费是重要途径；改善生存环境是根本目标。习近平总书记对绿色发展的解读不仅发展了马克思主义生态文明思想，也深化和丰富了科学发展观理论。绿色发展继承了马克思与恩格斯人与自然以及社会的一体性的科学思想，并且人与自然之间的关系可通过科技来调整和处理。

农业绿色发展，是绿色发展理论在农业生产中的延伸，在农业领域发挥了重要的指导和推广作用。强调农业生产过程中需要协调好农业发展与资源环境之间的关系，必须对农业资源要素进行合理配置，提高资源的利用效率，并从源头上注重农业生态环境的保护，使绿色农业在不排斥合理使用化肥、农药等农用物资投入的前提下，更加注重通过生产技术的提升，保护农业生产资源，改善农业生产环境，提升农产品质量以及农业的综合生产效益，成为一种新的绿色环保发展模式。实现农业的可持续发展，以此推动国民经济的健康发展。

2.2.3 新古典经济增长理论

新古典经济增长理论是以罗伯特·索洛（Robert. Solow）的观点为核心所形成的，新古典经济增长模型建立在一个新古典生产方程体系上，强调的是一个封闭的，没有政府部门的经济中储蓄、人口增长以及技术进步对增长的作用，关注的焦点是经济增长的直接原因。新古典经济增长模型的基本假设有：经济由一个部门组成，该部门生产一种既可用于投资又可以用于消费的商品；该经济为不存在国际贸易的封闭经济，且忽略政府部门的作用；生产规模报酬不变；该经济的技术进步、人口增长以及资本折旧的速度由外生因素决定。通过以上假设衍生出来技术进步的概念，并把经济长期的增长归因于技术进步，推导出人均产出增长率等于技术进步的速率，但是并不能解释决定技术进步的经济因素是什么，所以是外生解释变量，这也成为新古典经济增长的一大贡献。综上所述，新古典经济增长理论的结论是经济增长取决于外生的技术进步，而储蓄只会导致经济的暂时增长，资本的边际收益递减规律最终使得经济增长只取决于外生技术进步的稳定状态。

2.2.4 内生增长理论

在 20 世纪 80 年代末和 90 年代初产生了内生增长理论，内生增长理论的基础是新古典经济增长理论，所谓内生是指新古典经济增长理论中将技术等因素视为外生变量而言，内生增长理论将技术进步、人力资本等因素内生化，将其对产出的影响以某种形式置于生产函数内部加以讨论。而在考虑了这些因素后，要素的边际产出不再递减，生产函数可能会出现规模报酬递增的现象，以上是区别于新古典经济增长理论的关键。

内生增长理论扩展了资本的内涵，不仅包括物质资本，还引入了知识资本，会将技术进步内部化，进而解释经济的持续增长。内生增长理论把更多的讨论放在技术是如何演变的，以及技术和经济增长的固有因素，内生增长理论一直试图解决的问题就是，在知道技术进步是经济增长的动力的前提下，研究决定增长动力的因素有哪些。因此，内生增长理论更加现代化，更多地考虑了模型的动态，尽可能地减少了对于增长模型的外生限制的理论。

3 北京农业绿色发展现状分析

3.1 农业生产空间优化

3.1.1 产业结构变化情况

随着城市居民的消费结构的变化，在国家宏观农业发展政策的引导下，北京市持续推进农业产业结构调整，越来越多的农业退出传统种植、养殖模式，转型升级为生态园林，或是集生产、休闲、观光于一体的现代都市农业园。数据显示，经过近几年的农业产业结构调整，2010—2019 年底，北京粮食播种面积从 22.3 万公顷调减到 4.7 万公顷，调减了 78.9%。

2019 年北京都市型现代农业生态服务价值年值为 3 895.32 亿元，同比增长 1.5%；贴现值为 11 237.26 亿元，同比增长 1.5%。其中，直接经济价值为 359.77 亿元，比上年下降 0.2%，占总价值的 9.2%，传统农业生产功能进一步弱化，农林牧渔业总产值同比下降 5.1%；间接经济价值为 1 309.11 亿元，比上年增长 3.6%，占总价值的 33.6%。间接经济价值保持了较好的增长势头，其中，文化旅游服务价值的增长仍是最大亮点，增速为 4.5%，对间接经济价值的贡献率达 84.5%。

统计数据显示（图 3-1、图 3-2），北京近几年的农林牧渔业总产值呈现先上升后下降的趋势，农业、牧业、渔业与农林牧渔业整体的变化趋势相同，林业则呈现先上升后下降，最后再次上升的态势。以种植业为主的狭义农业在农林牧渔业中的占比由 2010 年的 47.0% 下降到 2019 年的 36.3%；畜牧业占比由 2010 年的 42.6% 下降到 2019 年的 17.5%，从 2018 年起下降幅度明显增大；

2010—2019 年，林业产值占比呈现较大波动，由 5.1％提高到 41.0％，并于 2018 年超过畜牧业占农林牧渔业总产值的比重，于 2019 年超过农业占农林牧渔业总产值的比重；渔业变化趋势较为稳定，保持在 3％左右的较低水平。

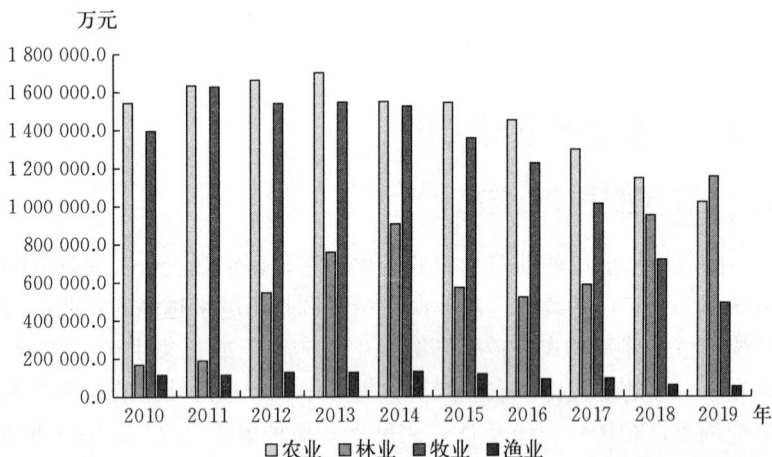

图 3-1　2010—2019 年北京市农林牧渔业产值变化情况

资料来源：《北京统计年鉴 2020》。

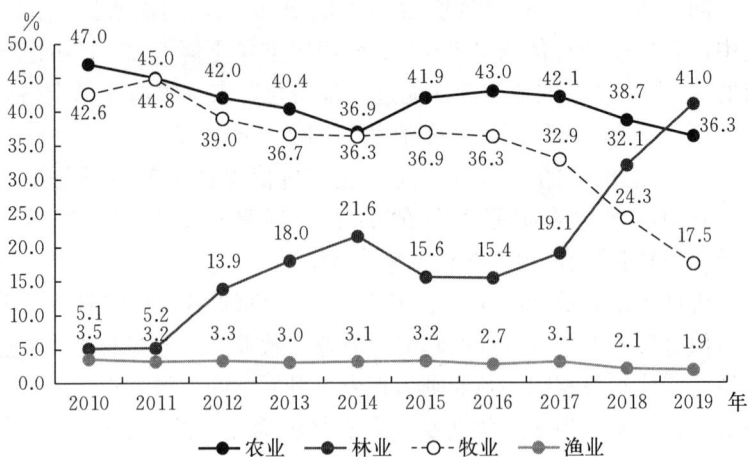

图 3-2　2010—2019 年北京产业结构变化情况

资料来源：《北京统计年鉴 2020》。

3.1.2 农业产值区域分布及变化情况

从表 3-1 可以看出，2010—2019 年，除朝阳区和丰台区的农业产值表现出持续下降趋势外，北京市大部分区的农业生产总值呈现先上升后下降的趋势，与北京市整体农业产值变化趋势相吻合。房山区、通州、顺义区、大兴区、平谷区、密云区对北京农业产值的贡献率较大，约占北京农业总产值的 84%。近年，朝阳区、丰台区、门头沟区、房山区、通州区、顺义区、大兴区、怀柔区、平谷区、密云区、延庆区的农业产值分别下降了 86.6%、74.4%、50.1%、45.3%、57.1%、41.2%、38.1%、41.8%、0.4%、14.8%、28.3%，海淀区、昌平区的农业产值分别上升 26.7%、13.5%。

由于北京市整体城市规划及各区区位优势、发展定位不同，2010—2019 年北京市各区农业产值占农林牧渔总产值的比重均有不同程度的变化，其中朝阳区、丰台区、通州区表现出较大程度的下降，分别降低了 36.5、37.6、25.4 个百分点；同时，门头沟区、房山区、顺义区、昌平区、怀柔区、平谷区、延庆区的农业产值占比也出现了不同程度的减少，分别降低了 17.4、13.2、9.4、10.9、7.0、11.4、10.6 个百分点；而海淀区、大兴区、密云区则呈现小幅度上涨，分别增长了 5.8、4.1、0.3 个百分点。

3.2 水土资源保护

3.2.1 耕地资源情况

（1）土地资源数量及利用情况

北京的土地总面积是 164.12 万公顷，占全国总土地面积的 0.17%。截至 2018 年，北京市土地总面积中，农用地占地面积最大，为 1 146.7 千公顷，农用地的开发指数达到 69.9%，建设用地为 360.2 千公顷，占全市土地面积的 21.9%。农用地中以林地和耕地为主，耕地面积为 21.28 万公顷，占全市总面积的 13.0%；

表3-1 2010—2019年北京市各区农业产值

单位：万元

	2010年	2011年	2012年	2013年	2014年	2015年	2016年	2017年	2018年	2019年
朝阳	16 063.1	11 032.6	7 826.6	7 764.0	8 128.5	8 548.0	5 287.9	4 968.1	2 420.1	2 153.8
丰台	18 596.7	14 026.9	13 891.3	10 440.8	8 745.9	6 034.6	8 015.9	8 839.8	5 780.2	4 759.3
海淀	12 173.4	15 021.5	18 334.8	18 872.1	17 842.9	16 619.1	17 985.5	15 463.6	12 817.2	15 424.0
门头沟	9 623.0	8 683.7	11 189.8	11 310.4	10 863.5	9 740.5	9 423.5	8 900.4	3 536.4	4 797.1
房山	187 660.2	190 873.0	167 929.8	169 092.4	171 751.6	173 327.2	180 407.7	164 106.9	134 847.0	102 612.1
通州	232 287.1	257 525.0	248 618.6	257 769.7	234 901.9	227 962.8	219 283.6	184 545.6	140 813.0	99 721.2
顺义	269 400.8	270 389.2	261 831.8	250 407.8	223 211.8	208 491.8	178 925.3	177 824.6	168 742.5	158 517.3
昌平	66 708.2	81 102.1	99 453.1	96 286.7	76 293.4	77 412.1	73 178.9	80 585.9	77 827.0	75 738.3
大兴	262 248.5	265 845.3	275 545.5	285 824.3	252 319.1	267 199.4	239 758.9	202 432.2	181 140.7	162 292.0
怀柔	62 080.3	63 939.2	70 455.8	70 651.2	52 118.7	55 792.8	48 602.6	44 509.8	37 460.2	36 142.4
平谷	171 728.6	195 355.6	222 272.1	238 691.3	253 434.7	244 626.3	224 821.3	194 022.1	188 242.9	170 973.8
密云	167 045.8	182 084.7	193 925.1	208 385.5	186 203.3	187 457.1	189 606.0	161 221.4	143 642.7	142 369.3
延庆	66 612.1	77 844.0	71 616.6	78 569.0	55 189.6	61 564.9	56 714.4	50 882.6	50 219.0	47 774.2

资料来源：2011—2020年《北京区域统计年鉴》。

林地面积为 74.66 万公顷，占全市土地面积的 45.5％；园地面积为 13.25 万公顷，占全市土地面积的 8.1％；草地面积为 8.43 万公顷，占全市土地面积的 5.1％。

我国的人均耕地面积约为 0.10 公顷，还不到世界人均耕地面积的一半，远低于世界平均水平，处于世界中下水平，而北京的人均耕地面积仅有 0.01 公顷，只有全国人均耕地面积的十分之一左右，人均耕地面积远在联合国确定的人均耕地 0.05 公顷的警戒线以下，耕地数量有限。2010 年北京市耕地面积为 22.38 万公顷，8 年间北京的耕地面积减少了 1.1 万公顷（图 3-3）。

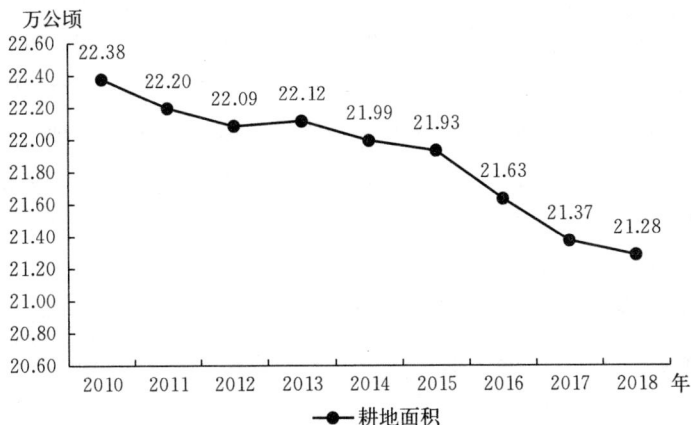

图 3-3　2010—2018 年北京市耕地面积情况
资料来源：《北京统计年鉴 2020》。

2018 年北京农业土地资源及利用状况调查数据显示（表 3-2），全市耕地面积为 212 840.6 公顷，多集中在大兴、顺义、通州、延庆和房山五个区，占全市总耕地面积的 73.5％；全市园地面积 132 531.1 公顷，多集中在密云、平谷、怀柔、房山和昌平五个区，占全市总园地面积的 73.7％；全市林地面积 746 634.1 公顷，多集中在怀柔、密云、延庆和门头沟四个区，占全市总林地面积的 70.9％；全市草地面积 84 323.7 公顷，多集中于房山和门头沟两个区，占全市总草地面积的 81.1%。

表 3-2　2018 年北京市各区主要农业用地类型情况

单位：公顷

	耕地	园地	林地	草地
全市	212 840.6	132 531.1	746 634.1	84 323.7
朝阳区	2 395.4	647.2	4 318.3	11.8
丰台区	2 057.9	720.7	4 480.8	69.0
石景山区	53.1	65.3	2 351.7	6.4
海淀区	2 031.7	2 401.2	10 464.9	39.2
门头沟区	873.1	5 099.8	100 478.5	22 963.8
房山区	24 546.5	15 612.6	61 446.0	45 430.6
通州区	32 646.0	3 342.9	8 306.0	99.0
顺义区	32 194.8	4 810.5	16 695.2	1 688.8
昌平区	10 330.3	12 266.7	65 064.5	1 288.9
大兴区	39 161.5	7 382.6	8 688.5	248.0
怀柔区	9 889.8	17 515.7	163 088.5	1 569.4
平谷区	11 613.4	23 205.1	35 102.5	6 053.4
密云区	17 058.2	29 051.7	130 713.0	2 241.8
延庆区	27 989.2	10 409.0	135 435.6	2 613.5

资料来源：《北京统计年鉴 2020》。

　　2010—2018 年，虽然北京市采取了土地整理、复垦、开发等一系列综合措施，但是北京市耕地被大量用于建设用地，农用地的逆向流转难度很大，耕地面积年内增加量总体低于年内减少量，导致耕地面积整体呈下降趋势。2010 年，北京耕地的减少面积远远大于耕地的增加面积，北京开始进行土地综合治理和农业结构调整，使得耕地面积降幅逐渐降低。2013 年，耕地面积的年内增加量大于减少量，使得耕地面积相比于 2012 年出现小幅度提升，但整体仍呈现下降趋势，从 2016 年起，由于农业结构调整、灾害损毁和建设用地使用，耕地面积大幅下降（图 3-4）。

公顷

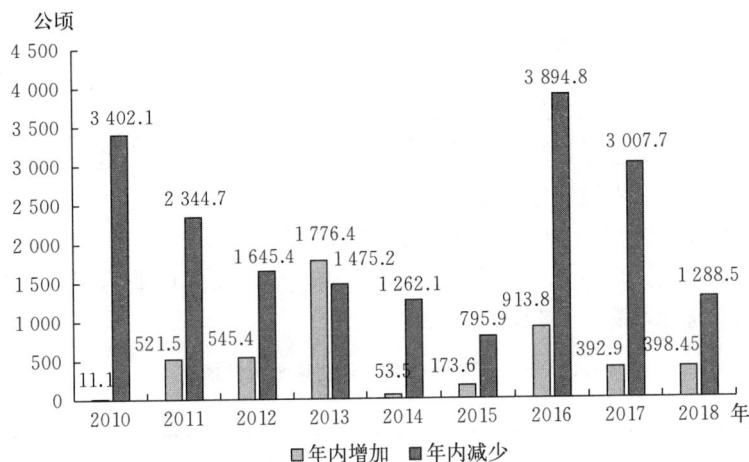

图 3-4　2010—2018 年北京市耕地面积变动情况
资料来源：《北京统计年鉴 2020》。

（2）土地资源质量情况

土地是最基本的农业生产资料，近年来，北京郊区土地资源日趋减少。虽然北京在耕地保护基本方针指导下，开展了以保护和改善生态环境为前提，以提高农业综合生产能力为出发点的土地复垦工作，但由于北京市可供农业开发利用的后备土地资源不足，仅占全市总面积的 4%，且质量不高，主要分布在永定河沿岸及延庆盆地，开发利用难度很大。

在耕地数量减少的同时，优等耕地在总耕地中的比例缩小，北京市的耕地总体质量在下降。土地资源污染主要是由直接排放的废水的浸入、空气胶融物的下沉、固体废弃物的堆积和掩埋等因素所造成的。虽然近几年北京市部分重工业企业、污染严重型企业外迁，大力发展环保产业，但是，2018 年工业产生的固体废物大约为 646.2 万吨，其中一般工业固体废物 628.2 万吨，危险固体废物

17.9 万吨，综合利用率分别为 69% 和 42%，相比生活垃圾无害化处理率的 99.9%，还有很大的提升空间。所以，北京的土壤污染问题，很大部分是工业固体废弃物和生活废水共同作用的结果。

3.2.2 水资源情况

（1）地表水与地下水资源

水资源总量指降水形成的地表水和地下水量，是当地自产水资源，不包括入境水量。2019 年北京市地表水资源量为 8.6 亿米³，地下水资源量为 16.0 亿米³，水资源总量为 24.6 亿米³，较 2018 年 35.5 亿米³ 的水资源总量减少了 30.7%，较多年平均水资源量 28.6 亿米³ 减少了 14.0%（表 3 - 3）。

表 3 - 3　2010—2019 年北京水资源情况

亿米³

年份	全年水资源总量	地表水资源量	地下水资源量
2010	23.1	7.2	15.9
2011	26.8	9.2	17.6
2012	39.5	18.0	21.6
2013	24.8	9.4	15.4
2014	20.4	6.5	13.8
2015	26.8	9.3	17.4
2016	35.1	14.0	21.1
2017	29.8	12.0	17.7
2018	35.5	14.3	21.1
2019	24.6	8.6	16.0

资料来源：《北京统计年鉴 2020》。

北京市降水量不足，水资源缺乏。北京年平均降水量约为 488.98 毫米，一年中的降水量分布不均。北京存在枯丰水年水量差别较大的情况，如 2014 年地表水量仅有 6.5 亿米³，2012 年达到了 18.0 亿米³，约是 2014 年的 2.77 倍，地表水近 10 年的平均值为 10.85 亿米³。由于北京市农业用水的主要来源是地下水，近几十年的过度开采，使得全市地下水储存量严重减少，由此引起一系列诸如地面沉降、地面裂缝、地面塌陷等地质问题。截至 2019 年，北京全市平原区年末地下水平均埋深为 22.71 米，地下水位比 2018 年末回升 0.32 米，地下水储量相应增加 1.6 亿米^3，比 1998 年末减少 55.4 亿米^3，比 1980 年末减少 79.2 亿米^3，比 1960 年末减少 99.9 亿米^3。

（2）水资源利用情况

水资源是保障农业生产稳定、有序发展的重要生态要素之一。北京是一个水资源紧缺的城市，年人均用水量为 181.7 米^3，是全国人均用水量最少的地区，仅为全国人均水平的 1/3，而且越来越多的水资源被配置到工业产业、居民生活、生态环境等方面，由此导致北京农业用水供需矛盾处于紧张状态。农业用水的水资源紧缺将会对北京农业的绿色发展造成影响。

北京市年用水总量平均为 37.9 亿米^3，近几年的用水量都在持续增加，2019 年全年用水总量达到 41.7 亿米^3，比 2010 年用水量增加了 18.5%（图 3-5）。

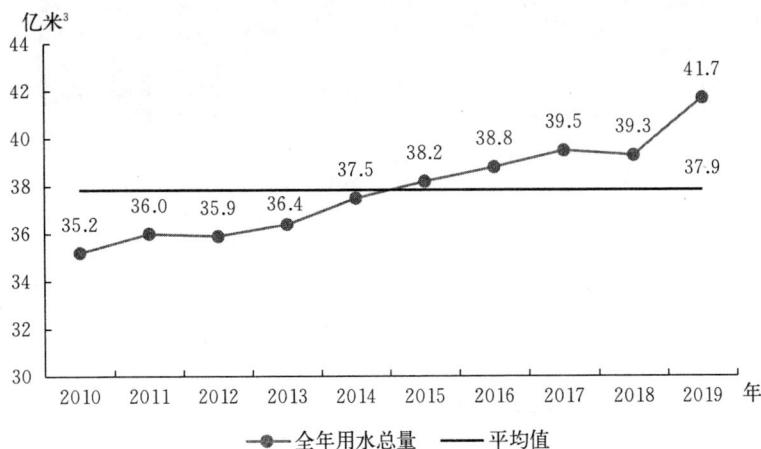

图 3-5 2010—2019 年北京年用水量变化情况

资料来源：《北京统计年鉴 2020》。

多年来，北京的用水结构正在发生变化，其中农业用水曾是北京第一用水大户，但由于北京的农田面积逐渐减少，并且采用了滴灌、喷灌等节水设施，使得北京的农业用水量逐年减少，已从 2010 年的 11.4 亿米^3、占全年用水总量的 32.4％，下降到 2019 年的 3.7 亿米^3、占全年用水总量的 8.9％，下降了 67.5％。2019 年北京工业用水量为 3.3 亿米^3，占用水总量的 7.9％，相比 2010 年的 5.1 亿米^3 下降了 35.3％。同时，由于北京外来人口不断增加，导致生活用水和生态环境用水量持续增加，占用水总量的比重不断上升，其占比分别由 2010 年的 41.8％和 11.4％上升至 2019 年的 44.8％和 38.4％（图 3－6）。

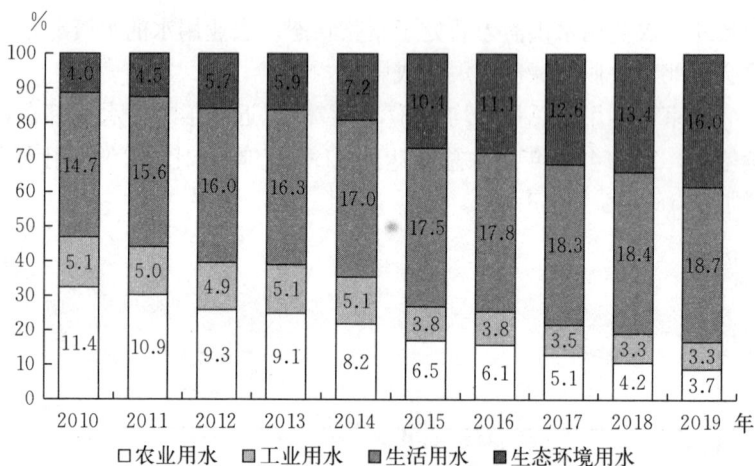

图 3－6　2010—2019 年北京年用水量结构情况

数据来源：《北京统计年鉴 2020》。

3.3　农业投入品减量

3.3.1　化肥施用情况

从图 3－7 可以看出，2010—2019 年，北京市整体化肥施用量表现为下降趋势，2013 年以前化肥施用量保持平稳，2013 年开始减量明显。2019 年北京市化肥施用量为 6.17 万吨，较 2010 年的13.67 万吨下降了 54.9%。

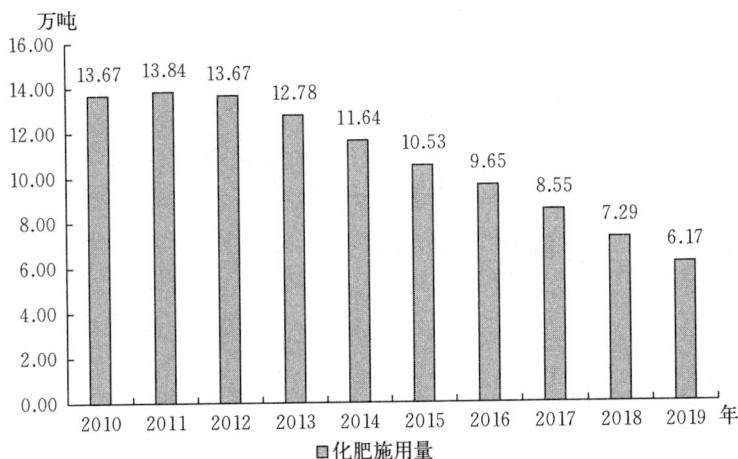

图 3-7　2010—2019 年北京市化肥施用总量
资料来源：国家统计局。

　　由于北京市农作物总播种面积一直在调减，虽然化肥施用量呈现降低态势，但是化肥施用强度持续升高。如图 3-8 所示，2010年北京市化肥施用强度为 435.88 千克/公顷，到 2019 年化肥施用强度增加到 696.78 千克/公顷（面积按农业总播种面积计算），较2010 年提高了 59.9%，是全国化肥施用强度的 2.1 倍。单位面积化肥的用量逐年增加且上升较快，2010—2019 年，每年均超过欧美经济发达国家公认的化肥用量环境安全上限 225 千克/公顷，因此，从化肥施用强度来看，北京市化肥施用存在用量过多的现象。过量施用化肥会使土壤中的氮氧化物排放量增加，从而导致水土及大气污染程度加剧。

　　化肥的生产力是指每千克化肥的粮食产出，2010—2019 年北京市化肥的生产力呈现波动性下降趋势，2010 年北京市化肥生产力为 8 463.06 千克/千克，2019 年化肥生产力为 4 661.26 千克/千克，较 2010 年下降了 44.9%。由此可见，使用化肥虽然有助于农作物的生长，但由于边际报酬递减规律的影响，过量使用反而会使化肥的生产力呈现出下降的趋势，给农民带来生产成本的增加，同时对农产品品质和生产环境造成威胁。

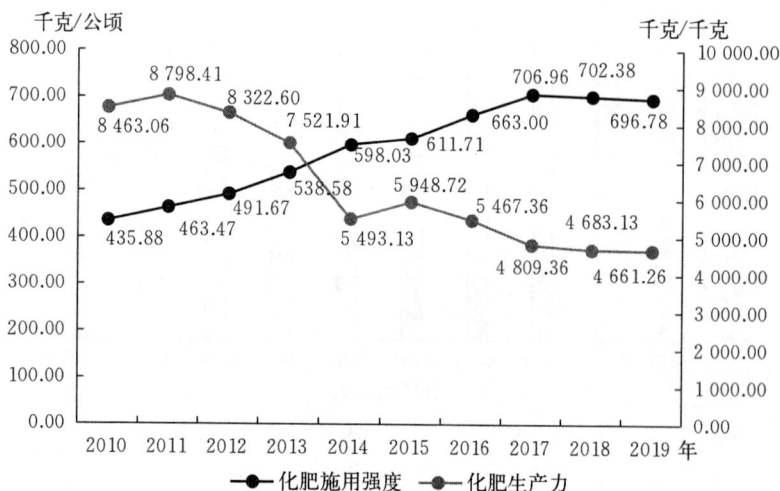

图 3-8　2010—2019 年北京市化肥施用强度与化肥生产力
资料来源：国家统计局。

3.3.2　农药、农膜使用情况

农药的使用在减少农作物病虫害、提高农业收入方面具有重要的作用，但农药的滥用也带来了严重的环境问题，尤其是近些年随着农业绿色发展理念的提出，农药必须合理地控制在一定范围之内才能更好地保护农业生态环境，获得农业效益的最大化。如图 3-9 所示，2010 年北京市农药使用量为 0.40 万吨，至 2018 年减少到 0.26 万吨，2010—2018 年呈现下降趋势，年均减少 3.9%，其中 2014—2017 年下降幅度较大，年均减少 7.7%，而在起始阶段 2010—2013 年，农药使用量基本保持稳定，下降幅度较小。然而，农药使用强度却逐年上涨，从 2010 年的 12.75 千克/公顷上涨到 2018 年的 25.05 千克/公顷，2018 年较 2010 年上升了将近一倍，达到全国农药使用强度的 2.8 倍。从农药使用强度可以看出，北京市应随着农作物播种面积的减少，继续加大农药的调减力度，为更好地实现农业绿色发展奠定基础。

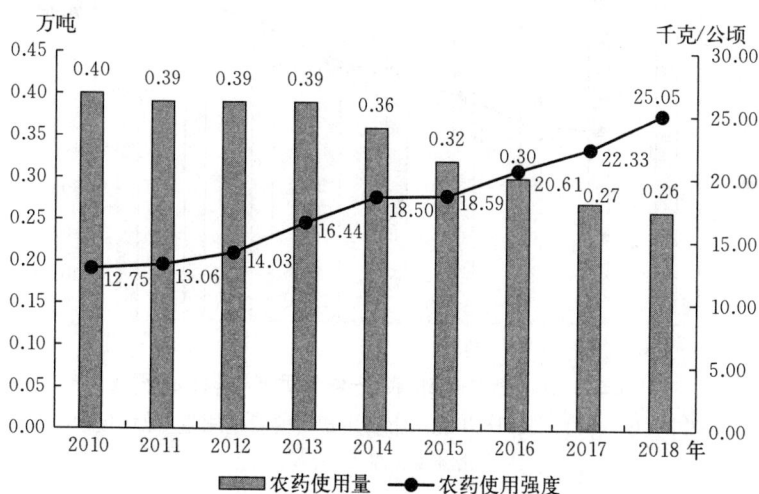

图 3-9 2010—2018 年北京市农药使用量与使用强度
数据来源：国家统计局。

农业塑料薄膜的使用对于推进农产品现代化、增加农产品合理供给具有重要的意义。但是农膜残留不仅会降低土壤质量，而且会产生"白色污染"问题，长时间的农膜残留甚至对农业环境安全及人体健康产生较大威胁，因此，合理使用农用薄膜对农业生产、环境保护、人体健康具有重要作用。如图 3-10 所示，2010 年以来，北京市农用塑料薄膜使用量总体上呈现下降的趋势，由 2010 年的 1.35 万吨下降至 2018 年的 0.82 万吨，下降了 39.3%。农用塑料薄膜使用强度呈现增长态势，由 2010 年的 43.17 千克/公顷增长到 2018 年的 79.42 千克/公顷，年增长率为 9.3%，超过全国农膜使用强度 68.5%。2010—2012 年，农用塑料薄膜使用强度增长较为

缓慢，2013 年开始呈现较大幅度增长。由此可见，农用塑料薄膜
使用的管控力度有待进一步加强。

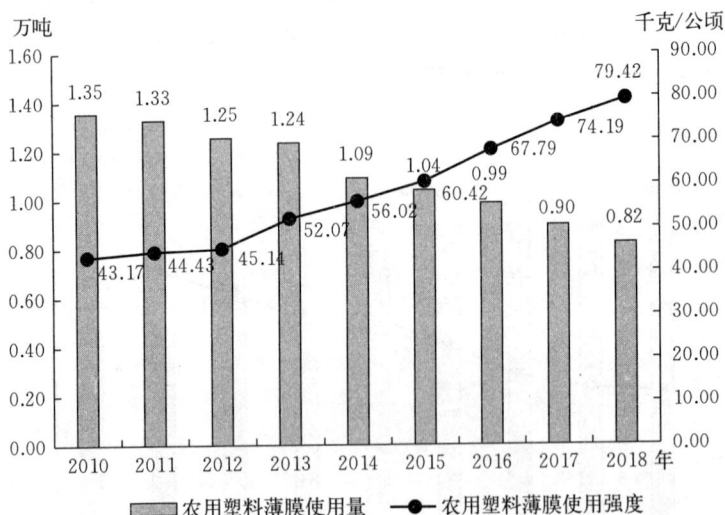

图 3-10　2010—2018 年北京市农用塑料薄膜使用量与使用强度
数据来源：国家统计局。

3.4　农业废弃物综合利用

3.4.1　北京市主要农业废弃物数量估算

(1) 种植业废弃物

　　截至 2018 年，北京市农作物播种总面积达到 9.2 万公顷，粮
食作物播种面积为 46 515.3 公顷，总产量为 287 609.2 吨，其中玉
米的播种面积为 33 663.1 公顷，总产量为 228 291.3 吨，占粮食总
产量的 79.4%；小麦的播种面积为 7 998.2 公顷，总产量为 43 938.9
吨，占粮食总产量的 15.3%。棉花播种面积为 6.8 公顷，油料作
物播种面积为 1 232.2 公顷，中草药材播种面积为 2 032.1 公顷，
蔬菜及食用菌播种面积为 31 175.7 公顷，瓜果及草莓的播种面积

为 3 252.9 公顷。随着北京都市农业"调结构、转方式"政策的逐步推进,传统农作物种植面积缩减,2019 年北京市主要农作物总产量较 2010 年均呈现大幅度下降趋势,由此产生的秸秆等种植业废弃物产量也呈逐年下降趋势。

本书根据历年北京市统计年鉴,选取 2010—2019 年北京的农业及农村经济情况,对全市种植业废弃物产生量进行估算。研究方法参考中国农业科学技术出版社《中国秸秆资源评价与利用》一书中的测算方法,根据农作物总产量和不同作物的相应草谷比计算出种植业废弃物总量,具体草谷比如表 3 - 4 所示。

表 3 - 4 北京市主要农作物草谷比数据参考

单位:千克/千克

	稻谷	冬小麦	玉米	薯类	大豆	棉花	油料	药材	蔬菜及食用菌	瓜类及草莓
草谷比	0.623	1.34	1.73	1.00	1.57	3.99	1.22	1.7	0.1	0.1

资料来源:中华人民共和国国家发展和改革委员会、中国能源行业协会。

本书所用草谷比,主要参考国家发改委办公厅、农业农村部在《关于开展农作物秸秆综合利用规划终期评估的通知》发改办环资〔2015〕3264 号文件中的附件《农区主要农作物草谷比数据参考》公开数据。未包含的部分作物,则主要参考中国能源行业协会公开的草谷比,或现有公文献中测定的草谷比。

经过估算得出,北京市近十年种植业废弃物产生量如表 3 - 5 所示。

受北京市农业结构调整的影响,农作物产量大幅缩减,进而导致近十年种植业废弃物产生量也相应减少。在 2019 年北京市的种植业废弃物总量中,玉米秸秆产生量占全市种植业废弃物产生量总值的 66.06%。蔬菜及食用菌产生的尾菜等废弃物占全市种植业废弃物产生量总值的 18.64%,冬小麦产生的秸秆占种植业废弃物产生量总值的 9.85%,其他作物所产生的农业废弃物占比为 5.45%(图 3 - 11)。

表3-5 北京市种植业废弃物产生量估算列表

单位：吨

	2010 年	2011 年	2012 年	2013 年	2014 年	2015 年	2016 年	2017 年	2018 年	2019 年
稻谷	1 178.9	939.0	811.2	813.6	790.7	866.9	721.3	439.4	708.2	614.2
冬小麦	380 339.3	380 161.8	367 673.8	250 865.7	163 396.8	148 569.7	114 480.2	82 582.7	70 136.0	58 878.1
玉米	1 456 096.0	1 562 885.6	1 445 958.7	1 300 669.7	865 662.2	855 459.2	747 193.1	574 559.3	469 550.4	394 943.9
薯类	13 554.0	12 838.4	12 242.6	7 776.5	6 819.5	8 362.9	8 748.7	6 094.9	6 561.5	6 444.0
大豆	16 816.6	16 954.0	13 926.7	12 648.1	9 481.2	10 249.4	6 873.3	7 404.6	5 773.5	4 447.0
棉花	1 837.0	2 055.2	1 084.1	602.1	427.3	401.0	232.2	65.0	31.9	29.1
油料	18 944.0	16 985.1	16 353.6	11 909.8	8 210.1	6 902.6	6 795.9	6 498.1	5 084.1	3 733.7
药材	4 419.2	3 269.3	3 574.6	3 268.6	2 979.4	4 013.0	5 546.3	3 509.7	1 347.8	2 975.0
蔬菜及食用菌	302 982.2	296 870.1	279 902.0	266 859.3	236 163.5	205 144.7	183 577.1	156 818.4	130 551.2	111 453.4
瓜类及草莓	34 178.7	37 800.7	34 021.1	29 735.2	25 163.3	20 515.5	16 792.0	17 169.0	15 074.7	14 313.3
总量	2 390 059.3	2 230 345.9	2 330 759.2	2 175 548.3	1 885 148.5	1 319 094.1	1 260 484.9	1 090 960.1	855 141.0	704 819.3

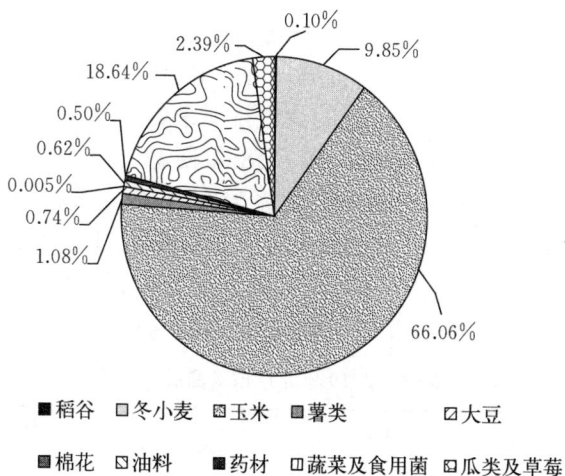

图 3-11 2019 年北京市不同农作物废弃物产生量占比

资料来源：《北京统计年鉴 2020》。

（2）养殖业废弃物

本书采用畜禽粪便系数法对畜禽粪便总量进行研究，根据各种畜禽的数量、饲养畜禽的生长期以及畜禽的粪便排泄系数进行计算得出粪便总量。其中猪的饲养数量为当年的出栏量；牛一般当年不出栏，可将年末存栏数视为当年饲养量；羊的生长期一般长于一年，因此采用年末存栏量作为当年的饲养量；将鸡、鸭、兔的存栏量作为饲养量。

截至 2019 年，北京市大牲畜存栏量 8.5 万头，其中牛存栏8.1 万头；生猪出栏量 28.4 万头；羊存栏量 16.9 万只，其中山羊4.8 万只、绵羊 12.1 万只；家禽存栏量 974.8 万只，其中蛋鸡877.5 万只、肉鸡 65.2 万只、鸭 31.2 万只；兔存栏量为 0.3万只。

畜禽粪污产生量方面，牛的粪便排泄系数以 13.55 吨/年计算，可产生 1 097 550.00 吨牛粪，占畜禽粪便总量的 67.53%；猪的粪便排泄系数以 5.3 千克/天计算，可产生 299 534.80 吨猪粪，占畜禽粪便总量的 18.43%；羊的粪便排泄系数按照 0.87 吨/年计算，可产生 147 030.00 吨羊粪，占畜禽粪便总量的 9.05%；蛋鸡的粪便排泄系数以 53.3 千克/年计算，可产生 70 476.47 吨鸡粪，占畜禽粪便总量的 4.34%，肉鸡的粪便排泄系数以 0.1 千克/天计算，可产生 3 586.00 吨鸡粪，占畜禽粪便总量的 0.22%，共计 74 062.47 吨鸡粪；鸭的粪便排泄系数按照 39.0 千克/年计算，可产生 7 000.77 吨鸭粪，兔的粪便排泄系数按照 41.4 千克/年计算，可产生 30.40 吨兔粪，分别占畜禽粪便总量的比值为 0.43% 和 0.002%，总计产生 162.52 万吨粪便（表 3-6）。

表 3-6　2019 年北京市畜禽粪便数量

畜　禽	饲养量 （万头/万只）	粪便排泄系数	粪便总量 （吨）
牛	8.1	13.55（吨/年）	1 097 550.00
猪	28.4	5.3（千克/天）	299 534.80
羊	16.9	0.87（吨/年）	147 030.00
蛋鸡	877.5	53.3（千克/年）	70 476.47
肉鸡	65.2	0.1（千克/天）	3 586.00
鸭	31.2	39.0（千克/年）	7 000.77
兔	0.3	41.4（千克/年）	30.40
总计	1 027.6	—	1 625 208.44

资料来源：《北京统计年鉴 2020》《中国有机养分志》。

注：牛的粪便排泄系数，采用肉牛和奶牛的平均值。

3.4.2　农业废弃物资源化利用

近年来，随着技术的进步和人们对生活环境以及生活质量的要求不断提高，北京农业发展也适应绿色和可持续的主题，以建设"绿色北京"为契机，以生态农业和可持续发展为主线，围绕农业资源和生态环境保护，积极开展农业"调转节"，整合生态技术，实施了农村"新三起来"建设，极大地促进了全市农业废弃物资源化利用。

统计数据显示，北京农作物以玉米和小麦为主，种植面积大，产生的秸秆数量多。农作物秸秆是一种具有多种用途的生物质资源，农作物光合作用的产物有一半以上存在于秸秆中，秸秆中营养成分丰富，同时秸秆资源丰富、成本低廉，为人们使用提供了便利条件。畜禽粪便以牛、猪、羊和蛋鸡为主，且基本为农场饲养，有利于集中收治或处理。截至2019年底，北京市的秸秆综合利用率已达到98%，已基本实现秸秆综合利用。养殖粪污治理力度不断加大，畜禽粪便综合利用率达到70%以上。农村能源消费中可再生能源消费比例有效提升，有效推进了农业可持续发展。农业废弃物利用主要有五种途径：肥料化、饲料化、基料化、燃料化和原料化。

其中，肥料化是通过推广机械粉碎、高温发酵、秸秆生物反应堆等技术，或将秸秆与畜禽粪便按照一定比例混合，制成生物有机肥施用于农田，秸秆肥料化利用率逐年提高，秸秆还田对增加土壤有机质、提高土地综合肥效和生产能力起到重要作用。该种方式在京郊的农业废弃物利用中应用较为普遍。例如平谷区依据其自身的农业种植情况开展"生态桥工程"，采用"政府管制＋村级自治＋企业投资"的模式，既鼓励有资质的企业投入，又引导村民主动参与废弃物回收利用工程，将以果树园林枝条、畜禽粪污、蔬菜植株残体等为主的农业废弃物资源化利用，在全区范围内设立废弃物粗粉站，将果树枝条经过发酵制作为有机肥料，进而实现就近还田利用。顺义区蔬菜废弃物循环采用"农业生产者＋农机服务组织＋有机肥加工厂"的运行模式，政府对种植户和制肥企业给予补贴，提升农户积极性，减少污染，因地制宜促进农业废弃物的高效利用。

饲料化则是通过运用氨化、压块饲料生产等技术，把秸秆用作畜禽等饲草动物的养殖饲料。例如玉米秸秆中含有丰富的碳水化合物、蛋白质和脂肪，经过加工处理用作饲料，既解决了堆积焚烧可能带来的隐患，又可促进畜禽生长速度、提升产品品质。怀柔区地形多为山区，适宜种植玉米，但是大型机械无法进入，造成秸秆不能有效利用，因此怀柔区采取统一收购，再加工处理成饲料供给养殖企业，帮助农户解决了废弃物堆积的问题，增加了收益。

基料化是以秸秆为原料，切断粉碎后经过加工制作为食用菌栽培的基料。用秸秆做食用菌的基料，能有效提高食用菌的产量和品质，基料还可二次生产，能大大节省成本，增加收入。平谷区就是将果树枝条加工成木屑，混合其他配料作为食用菌或药用菌栽培的基质，多种途径实现回收利用。

此外，可以通过沼气池等方式将农业废弃物转化为清洁能源，实现秸秆的燃料化利用。原料化是利用秸秆制造木糖醇、人造板材、复合材料、纸浆、活性炭系列产品。从北京市整体情况来看，废弃物的燃料化和原料化利用模式应用较少，未来具有一定的发展空间。

3.5　农村人居环境

3.5.1　农村生活垃圾治理

随着农村经济的发展、农民生活水平不断提高以及生活方式逐渐多样，导致农村生活垃圾数量也在不断增加。长期以来我国主要采用填埋、焚烧、堆肥技术处理垃圾，但在土地资源稀缺的北京地区进行不合理的垃圾处理不仅会使垃圾利用效率低下，也会危及农村居民身体健康、阻碍农村生态文明建设和可持续发展，因此，北京市采取了一系列措施解决农村垃圾治理问题。

根据北京市第三次全国农业普查主要数据公报（表3-7），截至2016年，北京市100%的乡级单位生活垃圾达到集中或部分集中处理，99.3%的村生活垃圾达到集中处理或部分集中处理，相比十年前第二次农业普查的89.17%的村实施垃圾集中处理，提高了10.13个百分点。全市具有生活垃圾分类收集的村占比达到37.7%，有专职环卫人员的村占比为91.2%。

表 3-7　北京市乡级单位、村生活垃圾处理设施

单位:%

	北京市	城市功能拓展区	城市发展新区	生态涵养发展区
生活垃圾集中处理或部分集中处理的乡级单位	100.0	100.0	100.0	100.0
生活垃圾集中处理或部分集中处理的村	99.3	100.0	99.6	98.7
有生活垃圾分类收集的村	37.7	41.7	30.9	45.9
有专职环卫人员的村	91.2	96.8	91.6	96.5

资料来源:北京市第三次全国农业普查主要数据公报。

北京市政府对农村垃圾处理高度重视,虽然农村环境卫生、农民生活质量和健康状况都得到了有效改善,但不同农村地区的经济发展水平不同,农村垃圾的成分也不尽相同,因此在具体实施过程中出现了垃圾分类规则繁杂、垃圾分类宣传教育未广泛普及,以及偏远山区农村垃圾运输距离远、费用高等问题,导致农村垃圾治理工作效率还有待提高。

3.5.2　农村生活污水处理

根据 2020 年《北京统计年鉴》数据,截至 2019 年,全市污水管道长度已达到 13 188 千米,污水处理能力是 1978 年污水处理能力的 29.3 倍,污水处理率达到了 94.5%,相比 1978 年的 7.6%大幅提高了 86.9 个百分点。再生水利用量居全国第一,水环境质量显著改善,水质优良的断面达到 56%以上,劣 V 类的地表水断面降低至 20%,农村生活污水处理率达 49.9%。根据北京市第三次全国农业普查主要数据公报(表 3-8),截至 2016 年,100%的乡级单位集中或部分集中供水,146 个乡级单位有污水处理厂(站),占 74.5%,1 639 个村生活污水集中处理或部分集中处理,占 42.7%。

表 3-8 北京市乡级单位、村污水处理设施

单位:%

	北京市	城市功能拓展区	城市发展新区	生态涵养发展区
集中或部分集中供水的乡级单位	100.0	100.0	100.0	100.0
有污水处理厂(站)的乡级单位	74.5	65.6	70.7	83.3
生活污水集中处理或部分处理的村	42.7	96.1	36.5	41.4

资料来源:北京市第三次全国农业普查主要数据公报。

北京市水污染现象严重,全市每年排放污水量多达 12 亿米^3,农村排放污水量约为 4 亿米^3,占全市排放量的 1/3。新农村建设以来,北京逐步完成乡村的污水治理任务,到 2018 年末黑臭水体整治全部完成。近年来,北京加大村级供水设施更新改造力度,推动农村供水站净化消毒设备安装,强化农村饮用水卫生监测,农村地区供水条件不断得到改善。

3.5.3 农村厕所改造情况

近年来,北京市为整治农村生活环境问题,制定了一系列政策措施,加大力度改造农村厕所,后为了更好地实现乡村振兴和美丽乡村建设又开展了"厕所革命"。从 2009 年、2019 年公布的北京市农业普查数据可知(表 3-9),十年间,北京市农村厕所改造取得显著成效。由于城镇化水平提高,整体农村厕所户数由原来的 1 436 215 户下降到 1 032 796 户,减少了 28.10%。因平原地区的城镇化进程明显高于山区地区,所以,平原地区的农村厕所数减少幅度较大,山区的农村厕所数量基本保持不变或有小幅度变化趋势(图 3-12)。农村简易厕所或无厕所情况大幅减少,截至第三次农业普查仅剩 1%,相比于第二次农业普查的 23.1%,下降了 22.1 个百分点。农村旱厕情况得到良好治理,第二次农业普查时全市旱厕数量为 750 915 户,占 52.3%,第三次农业普查时全市旱厕数量下降至 204 907 户,占 19.8%,下降了 32.5 个百分点,其中近郊

表3-9 北京市农村厕所设施情况

地区	冲水式				旱厕				简易厕所或无厕所			
	第二次农业普查		第三次农业普查		第二次农业普查		第三次农业普查		第二次农业普查		第三次农业普查	
	户数(户)	比例(%)	户数(户)	比例(%)	户数(户)	比例(%)	户数(户)	比例(%)	户数(户)	比例(%)	户数(户)	比例(%)
朝阳区	33 704	17.4	63 683	86.7	61 424	31.6	2 259	5.9	99 157	51.0	2 890	7.5
丰台区	21 333	21.0	29 342	84.6	24 671	24.3	4 671	12.4	55 524	54.7	1 116	3.0
海淀区	24 399	33.3	22 963	91.3	21 055	28.8	1 908	8.4	27 771	37.9	60	0.3
门头沟区	4 699	14.9	12 339	71.4	7 508	23.8	4 831	17.8	19 406	61.4	2 952	10.9
房山区	34 572	22.5	170 761	55.7	106 214	69.3	64 547	43.8	12 553	8.2	770	0.5
通州区	35 238	21.5	119 145	88.4	106 030	64.7	13 115	10.8	22 672	13.8	908	0.8
顺义区	39 522	29.0	104 786	89.5	92 925	68.2	11 861	10.4	3 769	2.8	87	0.1
昌平区	31 095	24.9	86 120	87.0	75 812	60.7	10 308	12.7	17 920	14.4	263	0.3
大兴区	33 116	25.1	99 374	76.1	75 458	57.2	23 916	23.8	23 397	17.7	131	0.1
怀柔区	17 339	26.1	47 151	83.2	36 434	54.9	10 717	16.3	12 563	18.9	347	0.5
平谷区	30 805	34.4	61 413	88.1	50 995	57.0	10 418	11.9	7 635	8.5	2	0.0
密云区	34 041	34.2	70 936	82.7	51 412	51.7	19 524	17.3	14 015	14.1	21	0.0
延庆区	13 092	18.7	67 809	64.1	40 977	58.5	26 832	35.4	15 963	22.8	382	0.5
合计	352 955	24.6	955 822	79.2	750 915	52.3	204 907	19.8	332 345	23.1	9 929	1.0

资料来源：北京市第二、三次全国农业普查数据公报。

区的整治效果最为明显。北京市加大力度改造农村厕所,农户家中的污水都纳入统一污水管网进行无害化处理,将旱厕改为冲水式厕所,冲水式厕所数量从原来的 352 955 户增加到 955 822 户,是原来的 2.7 倍,各区的冲水式厕所数量均呈现快速增长趋势,所占比例明显提升。各区采取了适宜自身区位条件的措施进行改造,例如密云区对于可以建设给排水系统的地区,统一改为冲水式厕所,而对于家在深山不具备条件的农户,安装玻璃钢化粪池,同时还成立了专业的队伍,对农户家中的玻璃化粪池进行定期清掏;大兴区对农厕采取大数据监管,精细化、信息化管理,避免污水乱排乱放,完成前期改造的同时,完善好后期维护和服务工作。至今,北京农村无害化户厕覆盖率达到 99.3%,农村"厕所革命"基本完成。

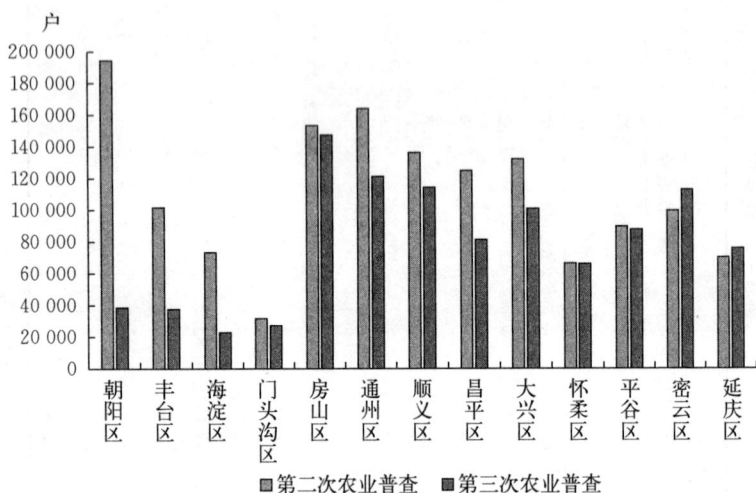

图 3-12　北京市农村厕所整体变化情况

资料来源:北京市第二、三次全国农业普查数据公报。

3.6　本章小结

本章以农业生产空间优化、水土资源保护、农业投入品减量、农业废弃物综合利用、农村人居环境为研究切入点，重点对2010—2019 年北京农业绿色发展现状进行分析。

第一，农业产业结构调整，种植业产值占比下降。近年来北京农业和牧业产值均呈现小幅度上升后开始下降，占农林牧渔总产值比重也相应减少，而林业呈现波动上升，并首次超过了农业和牧业。

第二，化学投入品减量化，使用强度仍呈增长趋势。化肥、农药、农膜等生产资料的使用在增加农民收入的时候也带来严重的环境污染问题，因此必须合理控制化肥等使用强度，随着我国经济进入新常态，经济发展的环境效益得到了一定程度的重视，化肥、农药、农膜的使用总量呈现减少趋势，但化肥、农药、农膜的使用强度却在增加，导致这一现象的原因可能是随着农作物种植面积逐年减少，使得化肥、农药、农膜等投入要素减少，可见对于化肥、农药、农膜的使用管控力度依然有待加强。

第三，水土资源刚性约束强，农业生产空间小。水土资源是农业绿色发展的基础，保护水土资源也是促进农业绿色发展的关键。近年，北京市采取多种政策措施保护水土资源，并取得了较好成效。但受制于大都市城市发展扩张的影响以及自然资源条件的约束，北京市农业水土资源依然紧缺，农业生产持续发展面临一定的挑战。

第四，农业废弃物资源化利用模式多样，利用率较高。农业废弃物利用率得到了很大的提高。秸秆畜禽粪便等废弃物通过多种模式实现回收再利用，利用效率逐年提高，改善了农村生活环境，成效明显。

4 北京农业绿色发展指标评价

农业的绿色发展是一个递进的过程，在这一过程中，需要制定一个客观、科学的衡量标准来规范并对其发展进行指引，这就要求构建一套科学、合理的农业绿色发展评价指标体系，以客观评价北京农业绿色发展的阶段与水平。指标体系是评价农业绿色发展的基本手段和根本依据，它是由一系列相互联系的指标所组成的有机整体，各项指标之间既相互独立、又相互联系。

4.1 北京农业绿色发展指标体系的构建

4.1.1 北京农业绿色发展评价指标体系构建的原则

本研究在构建农业绿色发展指标体系时不仅考虑了农业的生产功能和经济功能，同时强调了农业绿色发展对资源环境、民生福祉的影响，在指标的设置上涵盖了农业产业的各个方面；在评价研究上不仅停留在对农业绿色发展的现状评价，更注重对绿色农业未来发展的引导。本研究构建的指标体系具备如下原则。

（1）科学性原则

科学合理地选取指标是建立评价指标体系的基本原则。选择指标要符合农业绿色发展的科学理念，各级指标的选取、指标的解释、权重的确定都要讲究科学性和规范性。所选的指标能够真实、客观地反映评价对象。为了确保指标的合理性，在设定北京农业绿色发展评价指标体系时，应按照绿色农业的内涵，结合北京农业发展的基本现状，基本以定量评价指标为主，也要采用一些定性指标，尽可能对定性指标进行量化处理，对各项指标进行细化处理。另外，指标体系的科学性还体现在指标的目标值和权重的确定上。

在设定指标的目标值及权重时，要尽量避免主观性和片面性，保证其科学性和客观性。具体地说，在设定目标值时，可结合北京市的实际情况，同时参考一些较发达国家和地区的发展水平来确定指标的标准；在确定权重时，可参考各专家学者的研究成果，力争准确、科学、有效。

（2）系统性与完整性原则

农业绿色发展是一个复杂的系统工程，其内涵十分丰富。农业生产本身是人与自然界进行物质和能量交换的过程，在这一过程中，强调系统内外各要素的协调统一。而绿色农业不仅强调农业基本的生产功能，还更注重农业生产过程中的生态修复、资源利用、环境保护等方面，注重系统性和整体性。因此，在设计指标体系时，要用系统论的观点来考虑问题，在整体上应充分体现其综合性和系统性，体现绿色农业的本质特性，只有这样才能构建出完整的评价指标体系。

（3）前瞻性原则

绿色农业的发展是一个动态的过程，在进行指标设计时，既要考虑现实的需要，又要反映和体现未来的发展趋势。绿色发展理念是未来相当长时期内我国经济社会发展的基本理念，体现了我国经济社会发展阶段性特征，具有战略性和引领性。应坚持绿水青山就是金山银山理念，以人与自然和谐为价值取向，以绿色低碳循环为主要原则，以生态文明建设为基本抓手，促进农业绿色发展。因此，北京农业的绿色发展必须要有前瞻性，既要符合首都的现代都市农业发展定位，又要满足绿色低碳发展的客观需要。所制定的指标体系只有符合这一发展方向和定位要求，才能对北京市的农业乃至整个经济和社会的发展起积极的指导作用。

（4）可操作性和实用性原则

可操作性是一个科学的评价指标体系的必备条件，是指标评价体系应用于实际的基础。指标体系建立的最终目的是应用于实证分析，评价目的应明确可行，评价指标应明确易懂，数据要可获得、易于量化和可操作。摒弃其他相关性过强甚至重叠的从属指标，使整个体系尽可能简洁明晰，重点突出，便于应用。农业绿色发展评价指标体系的应用主体包括各级政府机构、统计部门、农业教学与科研单位、农业企业、农业生产者等，指标的选择和设定必须充分考虑各方的具体情况和实际需求，做到简便易行，具备较强的可操作性。因此，要增强数据的可获取性，将更多的定性指标转换为可量化的指标，增强指标的可执行性，不要过于苛求指标的全面性与细致性。每一项指标都要与政府部门的统计口径相衔接。过于抽象的分析概念或现阶段还无法实际测定的指标暂时不予考虑。

(5) 代表性原则

农业绿色发展涉及的内容非常多，包括乡村的社会、经济、生态等各个方面。每一方面都有一系列评价指标，众多指标综合在一起，就构成了农业绿色发展的总体评价指标体系。考虑到实际操作层面的问题，必须要从总体中选取一部分有代表性的指标，来反映总体的问题。因此，为了创建完善的评价指标体系，先要明确将哪些指标纳入考虑范围之中，以此为前提遵循代表性原则进行筛选。一方面，定性分析这些指标间的关系，找出一部分代表性强的指标，提高指标的全面性、独立性、代表性；另一方面，要广泛搜集各种数据信息，采用主成分分析法、相关分析法等对初步拟定的指标进行量化判断，将一些象征意义不强的指标予以剔除，确定合理的评价指标。

4.1.2 北京农业绿色发展评价指标体系的具体内容及基本框架

(1) 北京农业绿色发展评价指标体系的基本内容

农业绿色发展的目标任务是全面建立以绿色生态为导向的制度体系，基本形成与资源环境承载力相匹配，与生产、生活、生态相协调的农业发展格局，努力实现耕地数量不减少、耕地质量不降低、地下水不超采，化肥、农药使用量零增长，秸秆、畜禽粪污、农膜全利用，实现农业可持续发展、农民生活更加富裕、乡村更加美丽宜居。其具体目标包括资源利用更加节约高效、产地环境更加清洁、生态系统更加稳定、绿色供给能力明显提升。

农业绿色发展评价指标体系的构建是一项综合多领域的系统工程，绝不是各项统计指标的简单罗列。为创建较为完善的评价指标体系，本研究结合农业绿色发展的目标任务，提出了农业资源利用、农业生态环境、农业生产发展、农村社会环境4个一级指标，并初步创建了基本指标体系，在此基础上遵循代表性原则对所有指标进行甄别，选择一些独立性、综合性较强的指标，然后结合收集到的数据资料，利用主成分分析法、相关分析法等对初步拟定的指标进行量化判断，将一些象征意义不强的指标予以剔除，以确定合理的评价指标。这样的指标体系能体现各个层级之间存在的联系，并且能全面反映北京农业绿色发展状况。

（2）北京农业绿色发展评价指标体系框架

按照前述指标的选取原则，从"农业资源利用""农业生态环境""农业生产发展"以及"农村社会环境"四个一级指标中遴选出20个二级指标（表4-1）。

表4-1 北京农业绿色发展评价指标体系

一级指标	序　号	二级指标
农业资源利用	1	耕地保有率
	2	农田灌溉水有效利用系数
	3	水分利用效率
农业生态环境	4	化肥使用量
	5	化肥利用率
	6	农药利用率
	7	农膜回收率
	8	主要农作物病虫害专业化统防统治覆盖率
	9	绿色防控覆盖率
	10	农作物秸秆综合利用率
	11	畜禽养殖粪便综合利用率

（续）

一级指标	序　号	二级指标
农业生产发展	12	农业劳动生产率
	13	农业土地产出率
	14	主要农作物耕种收综合机械化水平
	15	农产品抽检合格率
	16	"三品"认证农产品产量比重
农村社会环境	17	农村居民人均可支配收入
	18	林木绿化率
	19	对生活垃圾进行处理的村占比
	20	农村污水处理设施覆盖率

　　"农业资源利用"一级指标反映的是从事农业生产或者其他农业经济活动的时候可以或者可能利用的土地资源、水资源及其他各种资源等。农业资源的多少直接决定了农业绿色发展的可行域，所以把农业资源列为第一个一级指标。这个一级指标下选取"耕地保有率""农田灌溉水有效利用系数""水分利用效率"三个二级指标。

　　"农业生态环境"一级指标反映的是农业生产中面临的环境问题，农业生态环境和生物种群共同构成农业生态系统。这个一级指标是从生态的角度评价农业农村的环境状况。这个一级指标下选取"化肥使用量""化肥利用率""农药利用率""农膜回收率""主要农作物病虫害专业化统防统治覆盖率""绿色防控覆盖率""农作物秸秆综合利用率"以及"畜禽养殖粪便综合利用率"八个二级指标。

　　"农业生产发展"一级指标反映的是本地区农业生产效率及绿色发展水平。这个一级指标下选取"农业劳动生产率""农业土地产出率""主要农作物耕种收综合机械化水平""农产品抽检合格率""'三品'认证农产品产量比重"五个二级指标。

　　"农村社会环境"一级指标反映的是农村发展水平及人居环境

改善程度。农村的环境主要包括生态环境和社会环境两大方面。这个一级指标下选取"农村居民人均可支配收入""林木绿化率""对生活垃圾进行处理的村占比""农村污水处理设施覆盖率"四个二级指标。

（3）二级指标的具体含义及计算公式

① 耕地保有率（单位:%）。该指标是指本年末的耕地总面积和上年末的耕地总面积之比，它反映了相邻两年间耕地的变化率。如果这个指标大于1表示耕地总面积变多，小于1表示耕地总面积变少，等于1表示耕地总面积大体不变。计算公式为耕地保有率＝本年末的耕地总面积/上年末的耕地总面积×100%。

② 农田灌溉水有效利用系数。该指标是指灌入田间可被作物利用的水量与灌溉系统取用的水量的比值，这个指标主要反映农田灌溉水的利用效率。指标的数值介于0～1，数值越大代表灌溉水利用率越高，反之灌溉水利用率越低。计算公式为农田灌溉水有效利用系数＝灌入田间可被作物利用水量/灌溉系统取用的水量。

③ 水分利用效率（单位：元/立方米）。这个指标与前述农田灌溉水有效利用系数不同，它是指消耗单位体积的水所创造的农业领域的价值，也叫水分生产率。这个指标相当于经济学上的投入产出比，这个指标越高，表明当前水资源利用效率越高。计算公式为水分利用效率＝农业产值/农业用水量。

④ 化肥使用量（折纯量）（单位：万吨）。该指标指的是农业生产中施用的化肥总量，反映的是农田中使用化肥的多少。这个指标越低，施用的化肥越少，表明绿色发展水平越高。其中氮肥、磷肥、钾肥等分别以 N、P_2O_5、K_2O 计算，也就是以折纯量计算。

⑤ 化肥利用率（单位:%）。该指标反映的是施用化肥后农作物的吸收利用情况。这个指标的数值越高，农作物对化肥利用的效率越高。

⑥ 农药利用率（单位:%）。该指标反映的是农作物吸收利用农药的能力。这个指标的数值越高，农作物对农药利用的效率越高。

⑦ 农膜回收率（单位:％）。该指标指的是农膜在使用过后被回收的比例。农膜回收能有效防治农田"白色污染"。

⑧ 主要农作物病虫害专业化统防统治覆盖率（单位:％）。该指标反映的是具备相应的农作物保护条件（农业技术和仪器设备等）的相关服务组织，实施的农作物病虫害防治服务的覆盖范围。这个指标可以体现农业生产社会化农业服务水平。

⑨ 绿色防控覆盖率（单位:％）。绿色防控是指从整个农田生态系统出发，从保护病虫的天敌、恶化病虫的生存条件、农作物免疫能力增强等方面入手，将农药使用量控制在合理范围之内。绿色防控的基础是农业防治，目的是把病虫害导致的损失降到最低限度。绿色防控覆盖率是指推广应用物理防治、科学用药、生物防治、生态调控等具体绿色防控技术的覆盖水平。这个指标反映了农业的标准化生产水平。

⑩ 农作物秸秆综合利用率（单位:％）。该指标反映的是综合运用各种方法，把农作物秸秆变成肥料、饲料以及能源等，用更加温和的手段促进物质循环和能量流动，促进生态农业和循环农业的发展。秸秆是宝贵的生物资源，秸秆综合利用是提升耕地质量、改善生态环境、加快农业绿色低碳发展的重要举措。计算公式为农作物秸秆综合利用率＝秸秆综合利用量/秸秆可收集资源量×100％。

⑪ 畜禽养殖粪便综合利用率（单位:％）。该指标反映的是畜禽养殖粪便转变为肥料等资源的利用比例。计算公式为畜禽养殖粪便综合利用率＝综合利用畜禽粪污量/畜禽粪污产生总量×100％。

⑫ 农业劳动生产率（单位：万元/人）。农业劳动生产率指的是农业、林业、牧业、渔业在一定时期内创造的总产值与这一产业全部从业人员的比值。农业劳动生产率水平可以用固定人数创造的总产值来表示，单位人数生产的总产值越大，则农业劳动生产率越高；也可以用创造固定产值所需的人数来表示，所需的人数越少，农业劳动生产率越高。这个指标是一个综合评价指标，从农业劳动主体的角度来说，包括从业者的劳动熟练程度、农业生产

组织管理水平的高低，从农业劳动客体的角度来说，包括农业生产的自然条件、农业工程技术的发达程度以及农业资源和生产资料的多少。计算公式为农业劳动生产率＝农林牧渔业总产值/农业从业人数×100％。

⑬ 农业土地产出率（单位：元/公顷）。农业土地产出率指的是一定时期内单位面积的土地生产的农产品的产值。该指标反映的是农地的综合生产能力。影响农业土地生产率的因素有自然条件、农业资源的投入以及农业技术水平和组织管理水平。计算公式为农业土地生产率＝农林牧渔业总产值/耕地面积。

⑭ 主要农作物耕种收综合机械化水平（单位:％）。这个指标用于评价主要的农作物生产的机械化水平，指的是在耕作、播种、收获等农业生产阶段使用机械的综合化水平。计算公式为耕种收综合机械化水平＝机耕水平×40％＋机播水平×30％＋机收水平×30％。

⑮ 农产品抽检合格率。是指农业行政主管部门用抽样调查的方式进行的农产品质量安全例行检测时，合格农产品所占的比例。它反映了农产品的质量安全水平。计算公式为农产品抽检合格率＝合格农产品样本数/抽检农产品样本总数×100％。

⑯ "三品"认证农产品产量比重（单位:％）。该指标是指全市获得认证的无公害农产品、绿色食品、有机食品的产量占本地区可食用农产品总产量的比例。这个指标可以反映农产品生产的标准化、规范化水平，以及农产品绿色、生态、优质、安全水平。

⑰ 农村居民人均可支配收入（单位：元）。农村居民人均可支配收入是指农村住户人均获得的经过初次分配与再分配后的收入。它包括工资性收入、家庭经营纯收入、财产性收入和转移性收入。

⑱ 林木绿化率（单位:％）。该指标是指林木绿化面积所占行政区域总土地面积的比例。林木绿化的面积包括林地面积、灌木林地面积、农田林网以及四旁林木的覆盖面积，其中灌木林地面积包

括国家特别规定的灌木林地面积以及其他灌木林面积，四旁包括村旁、路旁、水旁以及宅旁等区域。

⑲ 对生活垃圾进行处理的村占比（单位：％）。该指标指的是能够对生活垃圾进行科学收集并且最终无害化处理的行政村的数量与全部行政村总数的比值，它是反映农村生活环境质量的重要指标。计算公式为对生活垃圾进行处理的村占比＝农村生活垃圾集中收集并处理的行政村数量/行政村总数×100％。

⑳ 农村污水处理设施覆盖率（单位：％）。该指标反映的是建造有完备污水处理设施的村与总村数的比值。这个指标可以反映农村地区污水处理的能力，是农村水环境和污水处理技术的代表性指标。

4.2 北京农业绿色发展指标评价的实证分析

4.2.1 各指标目标值和权重的设定

（1）目标值的确定

各项指标目标值的设定必须本着科学、客观的原则进行，其数值应是经过努力有可能实现的，不宜过高或过低。本书中每个指标的目标值确定分为以下不同情况：在北京市现有相关文件或规划中已设定为发展目标的指标，按照相关文件要求设定目标值；没有明确规定的指标，参考过去几年发展数据，合理确定目标值；对于本市没有参考数值的指标，参照发达国家或国内发达省市的发展水平，设置目标值（表 4 - 2）。

表 4 - 2　北京农业绿色发展评价指标体系目标值

一级指标	序　号	二级指标	单　位	目标值（2025 年）
农业资源利用	1	耕地保有率	％	100
	2	农田灌溉水有效利用系数	1	0.8
	3	水分利用效率	元/立方米	30

（续）

一级指标	序号	二级指标	单 位	目标值 （2025 年）
农业生态环境	4	化肥使用量（折纯量）	万吨	5.8
	5	化肥利用率	%	43
	6	农药利用率	%	50
	7	农膜回收率	%	100
	8	主要农作物病虫害专业化统防统治覆盖率	%	80
	9	绿色防控覆盖率	%	77
	10	农作物秸秆综合利用率	%	98.5
	11	畜禽养殖场粪污综合利用率	%	95
农业生产发展	12	农业劳动生产率	万元/人	6.5
	13	农业土地产出率	元/公顷	12
	14	主要农作物耕种收综合机械化水平	%	98
	15	农产品抽检合格率	%	100
	16	菜篮子产品"三品一标"认证覆盖率	%	90
农村社会环境	17	农村居民人均可支配收入	元	43 000
	18	林木绿化率	%	70
	19	对生活垃圾进行处理的村占比	%	99
	20	农村污水处理设施覆盖率	%	80

（2）各个指标权重的确定

在构建北京农业绿色发展评价体系过程中，最大的难点就是对各项指标的权重进行分配，权重的确定应尽可能准确、客观和科学。具体地，应按照指标在农业绿色发展中的重要性确定其权重的大小。权重值的确定会对将来综合评估的结果造成直接影响，甚至权重的变动还有可能造成被评价的指标优劣顺序的改变。因此，应该科学合理地分析并确定各个指标的权重，这是能否准确评价北京农业绿色发展的关键问题。

一般地，指标体系中确定权重的方法包括：专家调查法（Delphi 法）、层次分析法（AHP 法）、因子分析法等。本研究选用常用的专家调查法来确定各个指标的权重。问卷调查共进行两轮。每轮问卷调查时，专家都采用背靠背的方式填写，任何两位专家之间是互相不交流的，各自独立填写问卷。在第一轮问卷填写完成后，收集汇总，然后把平均值汇报给各位专家。第一轮问卷调查的平均值是在去掉两个最高值与两个最低值之后，对剩余的 13 个数值求算术平均数。在参考第一轮问卷调查结束后，继续填写第二轮调查问卷。每位专家都可以修改第一轮问卷调查的意见，也可以维持原状。第二轮沿用第一轮的方式计算算术平均数，即为本次要构建的评价指标体系所确定的权重。最终结果如表 4-3 所示。

表 4-3　北京农业绿色发展评价指标体系权重

一级指标	权重	序号	二级指标	单 位	权 重
农业资源利用	0.17	1	耕地保有率	%	0.07
		2	农田灌溉水有效利用系数	1	0.05
		3	水分利用效率	元/立方米	0.05
农业生态环境	0.34	4	化肥使用量（折纯量）	万吨	0.03
		5	化肥利用率	%	0.03
		6	农药利用率	%	0.06
		7	农膜回收率	%	0.04
		8	主要农作物病虫害专业化统防统治覆盖率	%	0.04
		9	绿色防控覆盖率	%	0.04
		10	农作物秸秆综合利用率	%	0.05
		11	畜禽养殖场粪污综合利用率	%	0.05
农业生产发展	0.27	12	农业劳动生产率	万元/人	0.06
		13	农业土地产出率	元/公顷	0.06
		14	主要农作物耕种收综合机械化水平	%	0.04

（续）

一级指标	权重	序号	二级指标	单 位	权 重
农业生产 发展	0.27	15	农产品抽检合格率	%	0.05
		16	菜篮子产品"三品一标"认证覆盖率	%	0.06
农村社会 环境	0.22	17	农村居民人均可支配收入	元	0.06
		18	林木绿化率	%	0.05
		19	对生活垃圾进行处理的村占比	%	0.05
		20	农村污水处理设施覆盖率	%	0.06

4.2.2 相关统计数据的来源

各指标 2020 年的现实值的取得主要有两个途径：一是对于直接从统计年鉴中可获取或能够计算出的指标，应用统计数据作为其现实值，如水分利用效率、化肥使用量、农业劳动生产率、农业土地产出率、林木绿化率等；二是对于不能获取统计数据的指标，从农业农村局等相关行业部门发布的信息公告中摘取数据，如农田灌溉水有效利用系数、化肥利用率、农药利用率、主要农作物耕种收综合机械化水平、农村居民人均可支配收入、对生活垃圾进行处理的村占比、农村污水处理设施覆盖率等（表 4-4）。

表 4-4 北京农业绿色发展评价指标监测数据

一级指标	序号	二级指标	单 位	目标值 （2025 年）	现实值 （2020 年）
农业资源利 用可持续	1	耕地保有率	%	100	100
	2	农田灌溉水有效利用系数	1	0.8	0.75
	3	水分利用效率	元/立方米	30	27.65
农业生态环 境可持续	4	化肥使用量（折纯量）	万吨	5.8	6.1
	5	化肥利用率	%	43	40.2
	6	农药利用率	%	50	44.2

（续）

一级指标	序号	二级指标	单　位	目标值 （2025 年）	现实值 （2020 年）
农业生态环境可持续	7	农膜回收率	％	100	82
	8	主要农作物病虫害专业化统防统治覆盖率	％	80	49.1
	9	绿色防控覆盖率	％	77	60
	10	农作物秸秆综合利用率	％	98.5	98.5
	11	畜禽养殖场粪污综合利用率	％	95	87.53
农业生产发展可持续	12	农业劳动生产率	万元/人	6.5	4.3
	13	农业土地产出率	万元/公顷	12	8.6
	14	主要农作物耕种收综合机械化水平	％	98	90.9
	15	农产品抽检合格率	％	100	98.8
	16	菜篮子产品"三品一标"认证覆盖率	％	90	81.7
农村社会环境可持续	17	农村居民人均可支配收入	元	43 000	30 126
	18	林木绿化率	％	70	59.9
	19	对生活垃圾进行处理的村占比	％	99	99
	20	农村污水处理设施覆盖率	％	80	50

4.2.3　评价指标得分的计算

多指标综合评价法，就是将每一项指标代表的内容整合到一起，形成一个综合指数，以此来体现每一项指标的内涵。具体地，可以采用多种方式得出综合指数，例如，乘法合成法、线性加权和法等。如果每一项指标的独立性均比较强，应该采用线性加权和法，这种方法对各个评价对象指标值的数据不会提出过于严格的要求，计算流程并不复杂。考虑到指标体系及数据无量纲化后的特点，本研究选取此种方法。

（1）计算方法及公式

① 指标实现度的计算。在计算单项指标实现度（S）时，负相关类指标实现度计算公式为 $S＝(1－O/P)×100\%$；正相关类指标实现度计算公式为 $S＝P/O×100\%$。其中 P 为各单项指标的实际值，O 为该项指标的目标值。

在该指标体系中，仅有"化肥使用量"一个指标为负向指标，其余 19 个指标均为正向指标。

此外，实现度突破 100% 时，计为 100%。这样一来，避免出现某项出色完成的指标会掩盖其他指标的不足，从整体上增强指标体系的有效性。

② 综合指数（总实现度）的计算。采用线性加权和法计算综合指数，公式如下：

$$F_{i,j}＝S_{i,j}×Q_{i,j}×100 \tag{4-1}$$

$$Z＝\sum F_{i,j} \tag{4-2}$$

其中，F 为单项指标的得分，S 为该项指标的实现度，Q 为该项指标的权重，Z 为指标体系的综合指数。i 为一级指标，j 为二级指标。

③ 进程设定。参考前人研究成果，并结合发达国家和地区的先进经验，将农业绿色发展的评价标准设定为以下阶段：

农业绿色发展起步阶段 $40\%≤Z<60\%$；

农业绿色发展初步实现阶段 $60\%≤Z<85\%$；

农业绿色发展基本实现阶段 $85\%≤Z<100\%$。

（2）测算结果分析

利用综合指数法对上述指标进行测算，可得 2020 年北京农业绿色发展综合评价得分为 82.58 分。说明 2020 年全市农业绿色发展取得了较好成效，已经进入农业绿色发展初步实现阶段。

从各一级指标看，农业资源利用可持续类指标得分为 92 分，略高于平均水平，且比上年增加了 6 个百分点；农业生态环境可持续类指标得分为 83 分，略高于平均水平，且比上年增加了 3 个百分点；农业生产发展可持续类得分为 81 分，与平均水平持平，且比上年增加了 6 个百分点；农村社会环境可持续类指标为 77 分，远低于平均水平，但比上年增加了 11 个百分点。数据分析表明，2020 年，北京农业绿色发展水平在农村社会环境、生态保护、资源利用等方面均取得了长足的发展，建设水平显著提高，但农村社会环境治理仍是发展过程中的薄弱环节。

总体来说，各项二级指标中有 3 项指标的实现度为 100%，分别是耕地保有率、农作物秸秆综合利用率、对生活垃圾进行处理的村占比，这些指标目前的发展水平都比较高，已经达到了目标值的要求；有 11 个指标的实现度在 80%～99%，分别为农田灌溉水有效利用系数、水分利用效率、化肥使用量（折纯量）、化肥利用率、农药利用率、农膜回收率、农作物秸秆综合利用率、主要农作物耕种收综合机械化水平、农产品抽检合格率、菜篮子产品"三品一标"认证覆盖率、林木绿化率；有 6 个指标的实现度在 60%～79%，分别是主要农作物病虫害专业化统防统治覆盖率、绿色防控覆盖率、农业劳动生产率、农业土地产出率、农村居民可支配收入、农村污水处理设施覆盖率；没有实现度在 60% 以下的指标。

4.3　本章小结

指标体系是农业绿色发展评价的基本手段和根本依据。本研究遵循科学性、系统性与完整性、前瞻时效性、可操作性和实用性和代表性等原则，构建了北京农业绿色发展评价指标体系。该评价指标体系由农业资源利用、农业生态环境、农业生产发展、农村社会环境 4 个一级指标以及 20 个二级指标构成，这些指标既相互独立又具有较强的代表性，能够在较大程度上代表北京农业绿色发展水平。

　　利用线性加权和法对该指标体系进行测算，结果表明，近年北京农业绿色发展取得显著成效，评价指数逐年上升。尤其是在农业资源利用、农业生态环境保护等方面取得了长足的发展，这两类指标得分明显偏高，但相对而言，农村社会环境治理仍是绿色发展的薄弱环节，有待进一步加强。

5 北京农业绿色全要素生产率测算分析

5.1 模型选择

针对农业绿色全要素生产率的核算，多采用数据包络分析（DEA）方法，由于传统 DEA 模型存在松弛问题，SBM 模型近年来被学者广泛采用。借鉴已有研究成果，本研究选用非径向非角度超效率 SBM 模型和 ML 指数，将农业污染物作为非期望产出纳入绿色全要素生产率的测算中，使测算更加准确。

5.1.1 生产可能性集合

将北京市的 13 个区域作为生产决策单元（DMU），假设每个决策单元在生产过程中使用 N 种要素投入 $x=(x_1, x_2, \cdots, x_n) \in \mathbf{R}_+^n$ 的情况下，可以得到 M 种期望产出 $y=(y_1, y_2, \cdots, y_n) \in \mathbf{R}_+^m$，和 L 种非期望产出 $b=(b_1, b_2, \cdots, b_n) \in \mathbf{R}_+^l$。结合其有界封闭性、投入和期望产出的强可处置性，期望产出与非期望产出的弱可处置性以及零结合性，则生产可能集合（$\mathbf{P}$）表示为

$$\mathbf{P}(x)=\{ (x, y, b): x \text{ 可以生产 } (y, b) \} \quad (5-1)$$

假定在每个时期为 $t=1, \cdots, T$ 和 $k=1, \cdots, K$ 时的观测值的投入产出集合向量为 (x_k^t, y_k^t, b_k^t) 通过数据包络分析法构建生产可能性集合：

$$P^t(x^t) = \begin{cases} (y^t,b^t): \sum_{k=1}^{K} z_k^t y_{km}^y \geqslant y_{km}^t, m=1,2,\cdots,M \\ \sum_{k=1}^{K} z_k^t y_{kn}^t \leqslant y_{kn}^t, n=1,2,\cdots,N \\ \sum_{k=1}^{K} z_k^t b_{kl}^t, l=1,2,\cdots,L \\ \sum_{k=1}^{K} z_k^t = 1, z_k^t > 0, k=1,2\cdots,K \end{cases} \tag{5-2}$$

其中，z_k^t 为 k 地区 t 时期投入产出值的权重，当 $z_k^t \geqslant 0$ 表示规模报酬不变（CRS），当 $z_k^t \geqslant 0$ 且 $\sum\limits_{k=1}^{K} z_k^t = 1$ 时，表示规模报酬可变（VRS）。

5.1.2 非径向非角度 SBM 方向性距离函数

在传统的径向 DEA 模型中，对无效率程度的测量只包含了所有投入（产出）等缩减（增加）的比例，对于无效率 DMU 来说，其当前状态与强有效目标值之间的差距，除了等比例改进的部分之外，还包括松弛改进的部分。而松弛改进的部分在效率值的测量中并未得到体现。基于此，Tone Kaoru（2001）提出了非径向非角度超效率 SBM 模型，可以同时从投入和产出两个角度来对无效率进行测量，从而避免传统径向 DEA 对效率评估的有偏性。

在式（5-2）的基础上，引入投入、期望产出和非期望产出变量对应的松弛向量 $\boldsymbol{S} = (s_n^x, s_m^y, s_l^b)$ 表示投入冗余、期望产出不足和非期望产出过多，构建决策单元 $k'(x_{k'}^t, y_{k'}^t, b_{k'}^t)$ 在 t 时期包含非期望产出的非径向非角度 SBM 方向性距离函数：

$$\boldsymbol{D}_0^G(x_{k'}^t, y_{k'}^t, b_{k'}^t) = \min \frac{1 - \frac{1}{N} \sum_{n=1}^{N} \frac{s_n^x}{x_n^{k'}}}{1 + \left[\frac{1}{M+L} \left(\sum_{m=1}^{M} \frac{s_m^y}{y_m^{k'}} + \sum_{l=1}^{L} \frac{s_l^b}{b_l^{k'}} \right) \right]}$$

$$\text{s. t.} \begin{cases} \sum_{t=1}^{T} \sum_{k=1}^{K} Z_k^t x_{kn}^t + s_n^x = x_{k'n}^t, n = 1, 2, \cdots, N \\ \sum_{t=1}^{T} \sum_{k=1}^{K} Z_k^t y_{km}^t - s_m^y = y_{k'm}^t, m = 1, 2, \cdots, M \\ \sum_{t=1}^{T} \sum_{k=1}^{K} Z_k^t b_{kl}^t + s_l^b = b_{k'l}^t, l = 1, 2, \cdots, L \\ \sum_{k=1}^{K} Z_k^t = 1, Z_k^t \geqslant 0, k = 1, 2, \cdots, K \end{cases} \quad (5-3)$$

式（5-3）中，D_0^G 为投入、产出与生产前沿面的平均距离，即投入和产出的无效率程度。s_n^x，s_m^y，s_l^b 均大于或等于 0。当 $s_n^x = s_m^y = s_l^b = 0$，表示决策单元完全有效率，不存在投入冗余或者产出不足；反之，则表示决策单元存在效率损失。

5.1.3　ML 生产率指数

通过 SBM 测算出来的农业绿色全要素生产率是一种静态的分析，只能反映各省份与生产边界的相对关系。而 Chung 等人（1997）在 Malmquist 模型的基础上，将非期望产出的方向性距离函数应用于此，并将得出的 Malmquist 指数称为 ML（Malmquist-Luenberger）生产率指数，用于测度带有非期望产出的农业全要素生产率指数，ML 生产率指数则可以分析每个区域生产边界的相对位置（效率变化）和向生产边界移动（技术进步）的情况，是一种动态的分析。一方面，为了避免出现无解的情况并且由于相邻参比的 ML 指数不具有可传递性，不可累乘；另一方面，由于本书选取的 DMU 数量的限制，不满足 MaxDEA 软件计算的模型法则，所以本书采用窗口固定参比的形式进行 ML 分解计算，可以有效解决 DMU 数量不足的问题。

窗口固定参比的 ML 生产率指数用公式可表示为：

$$M_{wf}(x^{t=1}, y^{t=1}, b^{t=1}; x^t, y^t, b^t) = \frac{E^{w(f)}(x^{t+1}, y^{t+1}, b^{t+1})}{E^{w(f)}(x^t, y^t, b^t)}$$

$$(5-4)$$

进一步可将 ML 指数分解为技术进步（TECHCH，TC）和技术效率（EFFCH，EC），技术效率（EFFCH）又可以进一步分解为纯技术效率（PECH）和规模效率（SECH）。即：

$$ML = TC \times EC = TC \times PECH \times SECH \qquad (5-5)$$

$$TC = \frac{E^{w(f)}(x^{t+1}, y^{t+1}, b^{t+1})}{E^{w(t+1)}(x^{t+1}, y^{t+1}, b^{t+1})} \frac{E^{w(t)}(x^t, y^t, b^t)}{E^{w(f)}(x^t, y^t, b^t)} \qquad (5-6)$$

$$EC = \frac{E^{w(t+1)}(x^{t+1}, y^{t+1}, b^{t+1})}{E^{w(t)}(x^t, y^t, b^t)} \qquad (5-7)$$

当 ML 生产率指数大于 1 时，表示从 t 到 $t+1$ 期的全要素生产率增长，小于 1 表示全要素生产率下降。当技术进步指数（TC）、技术效率指数（EC）大于 1 时，分别代表农业绿色技术进步水平、技术效率得到改善，反之，代表农业绿色技术进步水平、技术效率倒退。

5.2　指标选取与数据说明

5.2.1　指标选取

DEA 模型数据包括投入和产出两大类，投入为主要的生产要素投入，包括资本、劳动和能源投入，产出包括期望产出和非期望产出。本研究依据可获取性、科学性等指标选取原则，并在广泛参考国内外学者相关研究的基础上，综合考虑本研究的主要目的，主要考虑以种植业为代表的狭义农业，尽量达到投入、产出相互对应，选取北京市 13 个区域作为效率分析的决策单元，并选取如下指标进行研究。

（1）投入指标

选取土地、劳动力、机械、化肥、能源五个指标作为农业投入变量。其中土地投入用农作物播种面积衡量；劳动力投入用农业从业人数衡量；通过农业总产值占农林牧渔业总产值的比例对农林牧渔业从业人数进行折算，从而分离得到农业从业人数；机械投入以农业机械总动力表示，由于农用机械主要集中在农业种植、灌溉、收获等领域，因此基本与本研究所述狭义的农业内容契合；化肥投入用化肥施用量（折纯量）来衡量；能源投入主要是指电力投入，用农业用电量来衡量，同样通过农业总产值占农林牧渔业总产值的比例对农村用电量进行折算。近年来，随着科技的快速发展，农业生产过程中机械很大程度上代替了传统的畜力耕种，牲畜的养殖更多倾向于食用功能，因此本研究摘除了生产过程中役畜要素的投入。另外农业灌溉面积要素方面，由于北京市的种植业生产过程中，单位灌溉面积的用水权重不同，以灌溉面积表示农业用水存在一定的误差，并不能真正反映水资源在农业生产中的使用量，因此，本研究在测算北京市农业绿色全要素生产率的过程中剔除了农业灌溉。

（2）产出指标

产出指标包括期望产出与非期望产出两部分。其中，期望产出以农业总产值表示，同时充分考虑农业生产活动带来的环境污染问题，本研究以碳排放和农业面源污染作为非期望产出指标进行测算。

农业碳排放包括化肥、农药、农膜、柴油、翻耕、灌溉过程中直接或间接产生的碳排放。主要包含 CO_2、CH_4、N_2O 三种气体，受限于数据可得性，且为与本研究选取的投入指标相对应，根据本研究需要，参照李文华（2019）等的研究，运用构建的农业碳排放核算公式对化肥产生的 CO_2 进行测算，化肥施用量与相应的碳排放系数乘积即为其碳排放量，根据美国橡树岭国家实验室研究，化肥的碳排放系数为 0.895 6 千克/千克。

鉴于本研究对象为狭义的农业，所以在确定污染的主要来源时，本研究的环境污染因素主要考虑包含农田化肥流失、农田固体废弃物和农村生活污染方面的农业面源污染。由于农业面源污染具有分散性、隐蔽性以及随机性等特点，在量化以及测度上难度较大。因此，对于农业面源污染的核算，借鉴了潘丹（2012）、梁俊（2015）、李兆亮（2017）、谭红英（2019）、黄稳书（2019）等学者采用的清单分析方法，核算各农业源污染排放量，主要根据化学需氧量（COD）、总氮（TN）、总磷（TP）三个统计数据加以分析（表5-1）。

表5-1　农业面源污染产污单元清单

污染源	产污单元	调查指标	单位	排放清单
农田化肥	氮肥、磷肥、复合肥	施用量（折纯）	万吨	TN、TP
农田固体废弃物	玉米、小麦、油料、薯类、豆类、蔬菜	总产量	万吨	COD、TN、TP
农村生活	乡村人口	乡村人口	万人	COD、TN、TP

通过文献调研和综合比较，整理出农业面源污染单元产污强度具体的影响参数（表5-2）。

表5-2　农业面源污染单元产污强度影响参数

污染单元	影响参数
农田化肥	复合肥的氮磷含量（%）、氮磷利用率（%）、氮磷流失率（%）
农田固体废弃物	秸秆粮食比（千克/千克）、秸秆养分含量（%）、秸秆养分流失率（%）
农村生活	生活废水产污系数（千克/人）、粪尿排泄产污系数（千克/人）

农田面源污染物排放量的计算公式为：

$$E = \sum_i EU_i \alpha_i (1 - \mu_i) \beta_i \qquad (5-8)$$

式中，E 为农业面源污染排放总量，EU_i 为单元 i 指标统计值，α_i 为单元 i 污染物的产污强度系数，μ_i 为单元 i 污染物的利用效率系数，β_i 为单元 i 污染物的排放系数，EU_i 与 α_i 的乘积为农业污染产生量，即不考虑资源综合利用和管理因素时农业生产所造成的最大潜在污染量。其中计算污染物排放量所涉及的系数及参数取值主要参照梁流涛（2009）赵柳惠（2015）等学者的相关研究中的取值（表5-3、表5-4、表5-5）。由于北京区域层面统计指标的选取存在差异，本书运用北京市近十年不同粮食作物占总粮食作物

的比重与前述各作物的草谷比进行权重计算，计算出北京市
2010—2019 年各年的粮食草谷比，进而算出北京市各区的粮食所
产生的污染物总量（表5-6）。各区不同年份粮食秸秆养分（TN、
TP、COD）含量采用相同方法，运用权重比计算得出（表5-7）。

表 5-3　主要农作物秸秆养分含量

单位:%

	TN	P_2O_5	COD
稻谷	0.60	0.10	0.58
冬小麦	0.50	0.20	0.62
玉米	0.78	0.40	0.82
薯类	0.30	0.25	0.37
大豆	1.30	0.30	1.03
蔬菜	0.18	0.20	1.00

资料来源：梁流涛. 农村生态环境时空特征及其演变规律研究 [D]. 南京：南京农业大学，2009.

注：TN＝P_2O_5 养分含量×43.66％。

表 5-4　秸秆养分流失率

单位:%

	TN	P_2O_5	COD
流失率	65	65	70

资料来源：梁流涛. 农村生态环境时空特征及其演变规律研究 [D]. 南京：南京农业大学，2009.

表 5-5　农村生活产污系数及流失强度系数

单位：千克/人

	TN	TP	COD
产污系数	3.644	0.67	26.64
流失强度系数	0.89	0.20	7.82

资料来源：梁流涛. 农村生态环境时空特征及其演变规律研究 [D]. 南京：南京农业大学，2009.

表 5 - 6　2010—2019 年北京市粮食秸秆产出系数

单位：千克/千克

	2010 年	2011 年	2012 年	2013 年	2014 年	2015 年	2016 年	2017 年	2018 年	2019 年	均值
产出系数	1.622	1.628	1.625	1.645	1.644	1.646	1.652	1.656	1.649	1.647	**1.641**

表 5 - 7　2010—2019 年北京市粮食秸秆养分含量

单位:%

	2010 年	2011 年	2012 年	2013 年	2014 年	2015 年	2016 年	2017 年	2018 年	2019 年	均值
TN	0.710	0.714	0.711	0.725	0.726	0.729	0.731	0.736	0.732	0.730	**0.724**
P_2O_5	0.348	0.350	0.349	0.358	0.359	0.361	0.364	0.366	0.364	0.363	**0.358**
COD	0.767	0.770	0.768	0.779	0.778	0.780	0.782	0.785	0.781	0.780	**0.777**

由于三类污染物在环境中的浓度标准不同，为方便后续研究，根据地表水环境质量标准 GB 3838—2002 中的Ⅲ类水质标准，将 TN、TP、COD 污染物分别转换为等标污染排放量，计算北京市农业面源污染。根据地表水环境质量标准 GB 3838—2002 中的Ⅲ类水质标准，面源污染物 COD、TN、TP 的排放标准分别为 20 毫克/升、1 毫克/升和 0.2 毫克/升。

5.2.2　数据说明

基于数据的可获取性，同时保证研究结果的有效性，本研究采用的数据为 2010—2019 年北京市 13 个区形成的面板数据，构建的农业绿色全要素生产率测算的数据均选自权威机构出具的统计年鉴。包括 2010—2019 年《北京统计年鉴》《北京区域统计年鉴》《中国农村统计年鉴》《北京市第二次农业普查数据》《北京市第三次农业普查数据》《北京市水资源公报》以及《第二次全国污染普查公报》，部分缺失数据来自 2010—2019 年北京市各区统计年鉴。非期望产出指标数据基于相关文献测算（表 5 - 8）。

表5-8 农业绿色生产率投入产出变量描述性统计

类别	指标	变量说明与计算方法	单位	最大值	最小值	均值	标准差
投入	土地	农作物播种面积	公顷	67 601.0	133.0	15 365.2	15 845.9
	劳动力	农业从业人数：农林牧渔从业人数×(农业总产值/农林牧渔业总产值)	万人	54 392.5	57.7	16 602.0	13 150.4
	机械	农业机械总动力	万千瓦	46.8	0.2	14.1	11.1
	化肥	化肥施用量（折纯量）	吨	32016.6	63.2	8 292.4	8 644.5
	能源	农村用电量	万千瓦小时	97 661.2	7 825.1	41 303.1	22 459.4
产出	期望产出	农业总产值	万元	285 824.3	2 153.8	112 767.5	93 107.2
	非期望产出	碳排放（CO_2）	吨	28 674.1	56.6	7 426.7	7 742.0
		农业面源污染（COD、TN、TP）	万立方米	1 352 839.2	4 751.6	427 777.9	372 651.7

5.3 测算结果分析

农业绿色全要素生产率相关结果均是通过 Max DEA8.0 软件计算所得。具体从时间变化角度及区域差异角度进行分析，并与未考虑环境因素的农业全要素生产率进行对比，以发现两者之间存在的差距。

5.3.1 北京农业绿色全要素生产率时序演变分析

表 5-9 测度了北京市 13 个区 2010—2019 年农业绿色全要素生产率，图 5-1 展示了其变动情况，且与未考虑环境问题的全要素生产率水平进行对比，其中 GTFP、GEC 和 GTC 分别为考虑环境因素的农业绿色全要素生产率、绿色技术效率和绿色技术进步；TFP、EC 和 TC 分别为未考虑环境因素的农业全要素生产率、技术效率和技术进步。各指数为各区几何年平均值。

表 5-9 2010—2019 年北京市农业绿色全要素生产率指数及其分解

年 度	考虑环境因素			不考虑环境因素		
	GTFP	GEC	GTC	TFP	EC	TC
2010—2011	1.092 3	0.973 3	1.122 2	1.080 5	0.949 0	1.138 6
2011—2012	1.190 4	1.024 7	1.161 7	1.142 5	1.039 7	1.098 9
2012—2013	1.113 5	0.983 4	1.132 3	1.085 2	0.966 4	1.123 0
2013—2014	1.043 8	0.964 9	1.081 8	1.011 1	0.948 6	1.065 9
2014—2015	0.992 6	0.944 0	1.051 4	0.994 2	0.970 6	1.024 3
2015—2016	1.195 5	1.137 2	1.051 3	1.150 0	1.113 5	1.032 8
2016—2017	0.914 3	0.871 6	1.049 0	0.946 4	0.906 5	1.044 0
2017—2018	0.939 7	0.928 0	1.012 6	0.974 1	0.943 1	1.033 0
2018—2019	1.006 4	0.927 6	1.084 9	1.001 0	0.935 5	1.070 0
2010—2015	1.084 5	0.977 7	1.109 2	1.061 3	0.974 3	1.089 3
2015—2019	1.008 3	0.961 1	1.049 1	1.015 0	0.971 4	1.044 8
2010—2019	1.049 9	0.970 3	1.082 1	1.040 5	0.973 0	1.069 3

资料来源：根据 MaxDEA.8 Ultra 软件计算结果整理所得。

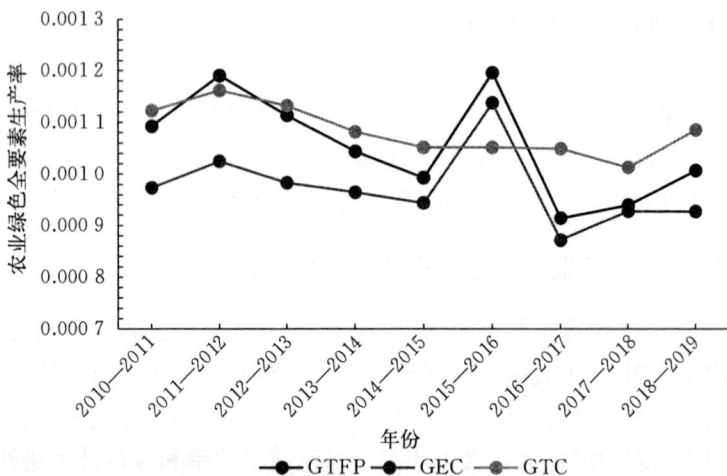

图 5-1　2010—2019 年北京市农业绿色全要素生产率变化趋势

(1) 总体阶段特征分析

可以发现，在不考虑环境因素的情况下，2010—2019 年，北京市农业全要素生产率年均增长 4.05%，技术进步年均增长 6.93%，技术效率年均增长 −2.70%；在考虑环境因素的情况下，北京市农业绿色全要素生产率年均增长 4.99%，绿色技术进步年均增长 8.21%，绿色技术效率年均增长 −2.97%。进一步将技术效率分解为纯技术效率和规模效率，通过计算得出 2010—2019 年均纯技术效率为 0.915 8，呈现 8.42% 的负增长；年均规模效率为 1.019 4，呈现 1.94% 的正增长。纯技术效率和规模效率之间没能实现双增长，说明在北京市近十年的农业绿色发展过程中管理水平、技术应用与规模扩张之间没能形成共赢。可能由于农业技术研发与推广脱节，农民对农业技术的认知不足，接受程度有限，导致技术应用不到位；可能由于技术实施过程中监管不到位、操作不规范等问题，导致北京市技术效率下降。在今后发展中应该充分挖掘现有技术的应用潜力，同时提高管理者决策水平以解决技术效率退化的问题。

与不考虑环境因素相比，在考虑环境因素的情况下农业绿色全要素生产率、绿色技术进步均有所上升，保持同步的变化趋势，而绿色技术效率小幅下降但基本保持持平，说明近几年北京高度重视农业绿色发展有一定成效，已经初步进入了低碳发展阶段。总体来看，无论是否纳入环境要素，北京年均农业全要素生产率在不断增长，其中技术进步对北京市整体的农业绿色全要素生产率呈现拉动态势，但是技术效率的低效一定程度上阻碍了生产率的增长。北京农业生产的质量整体上呈向好趋势。

（2）第一阶段特征分析

从时序演变来看，2010—2019年北京市农业全要素生产率呈现波动性变化趋势，可分为2010—2015年和2015—2019年两个阶段。

在第一阶段中，考虑环境因素的农业绿色全要素生产率年均增长8.45％，绿色技术进步年均增长10.92％，绿色技术效率年均增长－2.23％；未考虑环境因素的农业全要素生产率年均增长6.13％，技术进步年均增长8.93％，技术效率年均增长－2.57％，可以看出技术进步成为绿色全要素生产率增长的单一驱动因素，技术效率在近年的农业绿色发展中对绿色全要素生产率未产生明显的推动作用，并且阻碍了绿色全要素生产率的发展，北京在农业绿色发展过程中应该兼顾新技术的开发与应用。对比考虑环境因素和不考虑环境因素两种情况发现，在考虑环境因素时，农业绿色全要素生产率、绿色技术效率和绿色技术进步均优于不考虑环境因素的情况，分别提高了2.32、0.31、1.99个百分点。

这与此时期适时提出的绿色发展理念密切相关，在北京的"十二五"规划中可以发现，以绿色引领发展的理念逐步受到重视，在探索协调农业进步与环境保护的发展路径中，加大了关于农业绿色发展的政策宣传力度，使农业生产主体的发展理念开始转变，倾向于注重绿色环保的生产方式，污染物减少，非期望产出下降，初步实现了农业的绿色发展，取得了一定的成效。且这一时期农业技术投入力度较小，成本压力也相对较小，没有对农业绿色全要素生产率的增速造成阻碍，使其保持相对较高的生产率。除此之外，我国颁布了《关于实行"以奖促治"加快解决突出的农村环境问题的实施方案》，北京市不断落实各项适应本市实际情况的惠农政策，加大财政支农力度，积极落实一系列惠农补贴政策，这一系列方案的有效实施极大地调动了农民的生产积极性，使得农业绿色全要素生产率水平显著提升。

（3）第二阶段特征分析

在第二阶段中，考虑环境因素的农业绿色全要素生产率增速明显放缓，该阶段农业绿色全要素生产率年均增长 0.83％，绿色技术进步年均增长 4.91％，绿色技术效率年均增长 −3.89％；未考虑环境因素的农业全要素生产率年均增长 1.50％，技术进步年均增长 4.48％，技术效率年均增长 −2.86％。与上一阶段相比，全要素生产率、技术进步和技术效率均呈现较为明显的下降趋势，但是全要素生产率整体上依然与技术进步保持同方向变动趋势。这进一步验证了农业全要素生产率增长的源泉主要来源于技术进步的这一结论。同时对比可以发现，考虑环境因素时技术效率低于未考虑环境因素的情况，虽然技术进步略优于未考虑环境因素时的情况，但是无法弥补技术效率的不足，进而导致高估了未考虑环境因素的农业绿色全要素生产率。

造成该阶段农业绿色全要素生产率有所下降的原因可能有以下几点：第一，2014 年北京市为推动农业绿色持续发展出台了《关于调结构转方式发展高效节水农业的意见》的文件，此后农业开始转型发展，小麦等高耗水的粮食生产逐渐压缩，农业整体空间体量减小，导致农业产出水平短期内出现下降趋势；第二，绿色发展理念延续下来，农民对绿色发展有了一定的认知，2015 年起，北京市又相继出台了一系列关于农业面源污染防治、高标准农田建设、土壤修复等相关文件，开始加大资金、技术等方面的投入力度，初始阶段必然导致成本高产量少、短时间内回报率低的情况，进而造成了全要素生产率出现了下滑的趋势；第三，农业技术创新需要一定的时间成本，在该阶段新技术的研发速度无法很好地匹配北京市的农业发展速度，出现了新技术动力不足的情况。

(4) 逐年特征分析

北京市 2010—2019 年各个时期的农业绿色全要素生产率的表现各有不同，从技术进步角度来看，无论是否考虑环境因素，各年均大于 1，说明北京市的绿色技术进步虽然涨幅有所下降，但均处于增长趋势。从技术效率角度来看，除了 2011—2012 年和 2015—2016 年两个时期是大于 1 的，在考虑环境因素时分别呈现 2.47% 和 13.72% 的正向增长，未考虑环境因素时分别呈现出 3.97% 和 11.35% 的正向增长，其余时期均小于 1，对绿色全要素生产率的增长呈现阻碍作用。从全要素生产率角度来看，2014—2015 年、2016—2017 年和 2017—2018 年呈现负增长态势，考虑环境因素时分别降低了 0.74%、8.57% 和 6.03%，而未考虑环境因素时分别降低了 0.58%、5.36% 和 2.59%。而对于全要素生产率为正增长趋势的大多数年份中，考虑环境因素的增速明显大于未考虑环境因素时的增速。其中 2015—2016 年绿色全要素生产率增幅是最大的，增长了 19.55%。总体来说 2010—2019 年，农业绿色全要素生产率变化呈现增长放缓的趋势，年际增长率也略有浮动。

5.3.2 北京农业绿色全要素生产率区域差异分析

上述时序层面的分析，并不能准确地揭示北京市各区农业全要素生产率的具体变化特征，因此，需从区域层面对其进行深入剖析，揭示北京市各区 2010—2019 年农业绿色全要素生产率、绿色技术进步及绿色技术效率，并与未考虑环境污染的情况进行对比。计算结果见表 5-10。

表 5-10　2010—2019 年北京市各区平均农业绿色全要素生产率及其分解

区域	考虑环境因素				不考虑环境因素			
	GTFP	GEC	GTC	排序	TFP	EC	TC	排序
朝阳区	1.010 1	0.992 5	1.017 7	9	1.030 4	0.966 9	1.065 7	7
丰台区	1.053 2	0.972 6	1.082 8	6	1.058 3	0.959 4	1.103 1	5
海淀区	1.176 5	1.024 4	1.148 5	1	1.122 5	1.016 3	1.104 4	2

（续）

区域	考虑环境因素				不考虑环境因素			
	GTFP	GEC	GTC	排序	TFP	EC	TC	排序
门头沟区	0.972 9	0.884 7	1.099 7	12	1.001 5	0.925 3	1.082 3	10
房山区	1.026 2	0.967 8	1.060 3	8	1.020 8	0.978 4	1.043 2	9
通州区	1.133 1	0.928 3	1.220 6	3	1.083 8	0.955 6	1.134 1	3
顺义区	1.045 0	0.945 2	1.105 6	7	1.029 6	0.955 0	1.078 1	8
昌平区	1.151 7	1.064 1	1.082 3	2	1.137 9	1.057 2	1.076 3	1
大兴区	1.073 2	1.007 4	1.065 3	5	1.055 1	1.004 7	1.050 2	6
怀柔区	0.991 3	0.945 0	1.049 0	10	0.984 5	0.949 8	1.036 5	11
平谷区	1.099 4	0.994 0	1.106 1	4	1.071 5	0.993 5	1.078 6	4
密云区	0.971 2	0.938 7	1.034 6	13	0.974 9	0.933 4	1.044 5	12
延庆区	0.973 6	0.962 3	1.011 7	11	0.971 5	0.961 6	1.010 3	13
平均	1.049 9	0.970 3	1.082 1		1.040 5	0.973 0	1.069 3	

资料来源：根据 MaxDEA. 8 Ultra 软件计算结果整理所得。

（1）从技术进步层面分析

从区域对比来看（表 5 - 10），2010—2019 年，无论是否考虑环境因素，技术进步的变化趋势均表现为不同程度的增长，在考虑环境因素时，各区平均年均增长率为 8.21%，有 7 个区达到平均水平以上，增幅最大的是通州区，年均增长率达到 22.06%，海淀区（14.85%）、平谷区（10.61%）、顺义区（10.56%）、门头沟区（9.97%）紧随其后，增幅最小的是延庆区，年均增长率为 1.17%，增幅最大与最小的区相差 20.89 个百分点。在不考虑环境因素时，各区平均年均增长率为 6.93%，有 7 个区达到平均水平以上，增幅最大区依然为通州区，年均增长率为 13.41%，随后依次为海淀区（10.44%）、丰台区（10.31%）、门头沟区（8.23%）、平谷区（7.86%），增幅最小的延庆区增长率为 1.03%，与增幅最大的区相差 12.38 个百分点。同时不难发现，除了朝阳区、丰台区和密云区以外，其他区技术进步指数在考虑环境影响因素时的增速均大于未考虑环境因素时的情况，最大相差了 8.65 个百分点

（图5-2）。从地理分布来看，北京市城六区和近郊区的技术进步增速明显较快，可能由于上述地区处于信息化、科技化优势地区，新技术的引入等因素使这些地区的技术得到了快速提升。相比之下，远郊区地理位置相对偏远，技术存在滞后性，使得技术进步增速较慢。但是，北京市各区的农业科技水平均呈现向好发展的态势，且大部分区逐步形成了环境友好的发展态势。

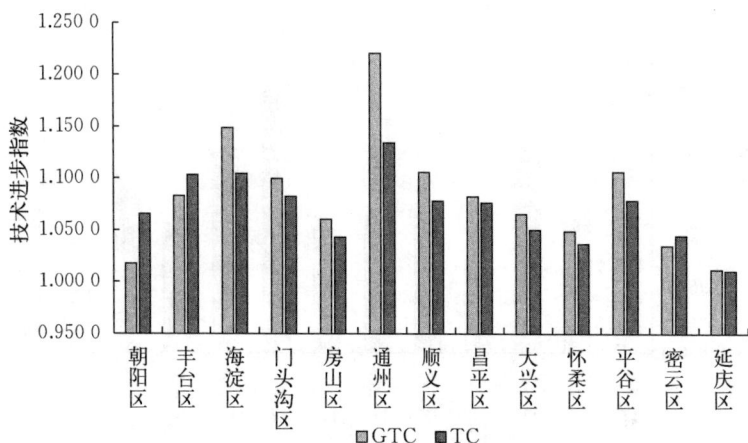

图5-2 北京市各区技术进步对比

（2）从技术效率层面分析

2010—2019年，在考虑环境因素的情况下，各区平均年均增长率为-2.97%，有6个区在平均水平之上，其中有3个区的技术效率处于正向增长，依次分别为昌平区（6.41%）、海淀区（2.44%）和大兴区（0.74%）。而在不考虑环境因素时，各区平均年均增长率为-2.70%，有5个区的增速高于平均水平，技术效率为正增长的三个区没有发生变化，但是增速有所下降，分别为5.71%、1.63%和0.47%。其他区域的技术效率水平均出现不同程度的退化趋势，阻碍了全要素生产率的发展。说明各地区的农业发展在很大程度上受到了技术效率的限制，因此，要想促进北京市农业生产率进一步提高，就要着力提高技术效率。若只重视农业技术的进步，而忽视技术效率的相应提升，就会因为二者之间的不匹配造成农业资源浪费，进而造成生产效率低下。同时从图 5 - 3 可以看出，在不考虑环境因素时高估了门头沟区、房山区、通州区、顺义区和怀柔区的技术效率水平，而其他区域的技术效率水平均在纳入环境因素的情况下有所提升，但两种情况下技术效率变化相对较小，差距最大的为门头沟区，相差 4.06 个百分点。

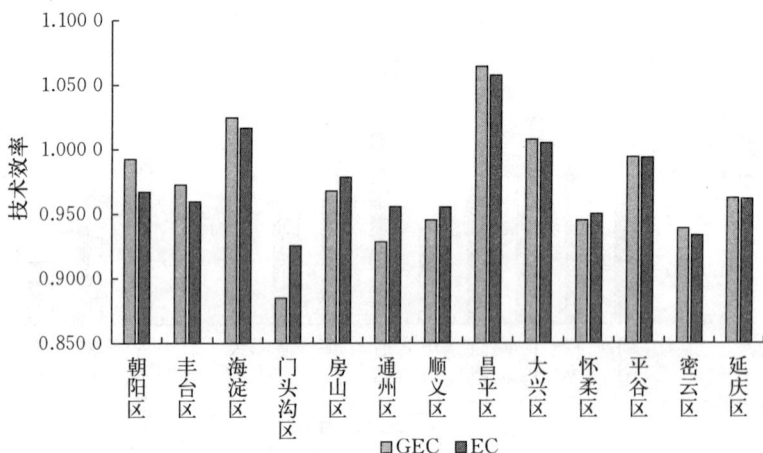

图 5 - 3 北京市各区技术效率对比

(3) 从综合生产率角度分析

结合表 5 - 10 分析发现，在考虑环境因素的情况下，除了门头沟区、怀柔区、密云区和延庆区分别呈现年均下降 2.71%、0.87%、2.88% 和 2.64% 的趋势，其他区的全要素生产率均呈现出大于 1 的增长状态，北京市各区平均年均增长率为 4.99%，有 6 个区处于平均水平之上，从高到低依次为海淀区（17.65%）、昌平区（15.17%）、通州区（13.31%）、平谷区（9.94%）、大兴区（7.32%）、丰台区（5.32%）。在不考虑环境因素的情况下，怀柔区、密云区和延庆区呈现出 1.55%、2.51%、2.85% 的下降趋势，其他区的全要素生产率依然处于大于 1 的增长状态，平均年均增长

率为 4.05%，同样有 6 个区处于平均水平之上，从高到低依次为
昌平区（13.79%）、海淀区（12.25%）、通州区（8.38%）、平谷
区（7.15%）、丰台区（5.83%）、大兴区（5.51%）。通过图 5-4
可知，朝阳区、丰台区、门头沟区和密云区在纳入环境因素后全要
素生产率的增速减小，其中门头沟区还表现出负增长态势，其他区
均呈现优于未考虑环境因素的情况，表明大部分区域农业绿色发展
情况较为理想，可谓基本实现了提高农业经济效益的同时兼顾环境
保护。从整体上看，全要素生产率的增幅与技术进步基本保持一
致，技术进步在全要素生产率增长中扮演着重要角色，而技术效率
的下降在多数情况下拉低了全要素生产率水平。

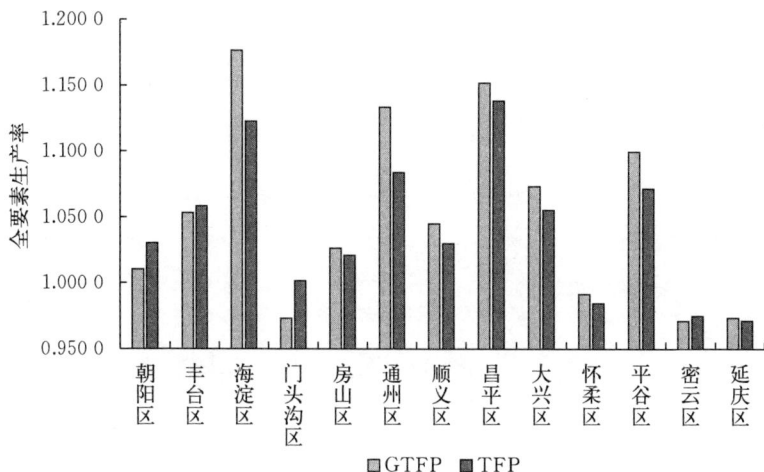

图 5-4　北京市各区全要素生产率对比

5.4　本章小结

第一，绿色全要素生产率增速放缓，基本实现绿色增长。近几
年北京市农业绿色全要素生产率均处于大于 1 的增长态势，同时与
未考虑环境因素时相比，农业绿色全要素生产率、绿色技术进步年

均增速有所提高，说明北京市各区整体上进入农业低碳发展阶段，农业绿色发展理念逐渐深入，与此同时，农业经济提高和环境保护协同发展有待进一步完善。

第二，技术进步推动全要素生产率增长，技术效率减缓增长幅度。不管是否考虑环境污染因素，从时序和区域角度分析，技术进步呈现增长态势，技术效率多呈现恶化、倒退趋势，农业全要素生产率提高的驱动力主要在于技术的进步，但其驱动作用在一定程度受到技术效率的限制，应在不断引入高新技术的同时，加大宣传推广力度，以便农民更好地学习利用新技术，保证技术进步增速的同时提高技术效率指数，实现技术进步和技术效率的双向驱动。

6 基于空间计量模型的影响因素实证分析

前一章测度了北京市及各区农业绿色全要素生产率，但测算结果所依赖的 DEA 方法反映的是一种相对效率，可能会受到其他地区的影响。从以往的文献中，发现将空间相关性与农业绿色全要素生产率相结合，探究其影响因素的研究较少，如果忽视空间的交互性，直接使用经典回归进行分析，会因模型设定偏误对实证结果产生影响，这样实证结果无法对现实作出应有的解释。为更准确地探究农业绿色发展的空间相关性及其影响因素，以便更加深刻地理解各地区农业生产效率的变动趋势，本研究充分考虑空间经济外部性，利用空间计量分析方法，在空间相关性检验的基础上选择合适的空间面板模型，利用确定的面板模型对北京市 13 个区农业绿色发展的影响因素进行实证分析。模型设定更贴近现实，以期为北京市区域层面落实绿色发展理念、引导区域农业绿色化转型提供新思路。

6.1 空间计量模型选择

6.1.1 空间权重矩阵

要分析空间中一个单元对其邻近单元的空间影响离不开空间权重矩阵。不同的矩阵，其领域范围不同，因此空间权重矩阵的选择准确与否直接影响空间分析。通常有 0 - 1 邻接权重矩阵、地理空间权重矩阵以及经济空间权重矩阵三大常用权重矩阵。本书选取 0 - 1 邻接矩阵进行计算，W_{ij} 表示地区 i 和地区 j 在空间上的相关性，矩阵定义如下：

$$W_{ij} = \begin{cases} 0, & i = j \\ 0, & i \text{ 与 } j \text{ 不相邻} \\ 1, & i \text{ 与 } j \text{ 相邻} \end{cases} \quad (6-1)$$

6.1.2　全局空间自相关

在已有研究的基础上，结合本书的研究目的，采用 Moran's I 指数（莫兰指数）来检验农业绿色全要素生产率的空间相关性。

当 Moran's I 指数为负数时，表明各区域间存在空间负相关性，此时变量存在空间离散效应；当 Moran's I 指数为正数时，表明各区域间存在空间正相关性，此时变量存在空间聚集效应；当 Moran's I 指数为零时，各区域间不存在空间相关性。全局 Moran's I 指数的具体计算公式如下：

$$I = \frac{\sum\limits_{i=1}^{n} \sum\limits_{j=1}^{n} W_{ij}(Y_i - \bar{Y})(Y_j - \bar{Y})}{S^2 \sum\limits_{i=1}^{n} \sum\limits_{j=1}^{n} W_{ij}} \quad (6-2)$$

式（6-2）中，n 为研究区域总数，即北京市 13 个区域单元，Y_i 和 Y_j 分别为 i 和 j 区农业绿色全要素生产率，W_{ij} 为二进制邻接空间权重矩阵。

其中 $S^2 = \dfrac{1}{n} \sum\limits_{i=1}^{n}(Y_i - \bar{Y})^2$ 为样本方差，$\bar{Y} = \dfrac{1}{n} \sum\limits_{i=1}^{n} Y_i$ 为样本均值，在 Moran's I 指数的分析中，需要通过 Z 值检验法对莫兰指数进行显著性检验，计算公式如下：

$$Z = \frac{I\text{-}E\,(I)}{\sqrt{VAR\,(I)}} \quad (6-3)$$

在正态分布的前提下，期望值 $E\,(I)$ 和方差 $\sqrt{VAR\,(I)}$ 的公式表示为：

$$E\,(I) = -\frac{1}{n-1} \quad (6-4)$$

$$VAR\,(I) = \frac{n^2 W_1 + n W_2 + 3 W_0^2}{W_0^2\,(n^2 - 1)} \quad (6-5)$$

其中

$$W_0 = \sum_{i=1}^{n} \sum_{j=1}^{n} W_{ij}^2, \quad W_1 = \frac{1}{2} \sum_{i=1}^{n} \sum_{j=1}^{n} (W_{ij} + W_{ji})^2,$$

$$W_2 = \sum_{i=1}^{n} \left(\sum_{j=1}^{n} W_{ij} + \sum_{j=1}^{n} W_{ji} \right)^2$$

在随机分布的前提下，$E(I)$ 的计算公式与上述情况相同，$\sqrt{VAR(I)}$ 算公式如下：

$$VAR(I) = \frac{n^2 \left[(n^2 - 3n + 3) W_2 - n W_2 + 3 W_0^2 \right] - k_2 \left[(n^2 - n) W_1 - 2n W_2 + 6 W_0^2 \right]}{W_0 (n-1)(n-2)(n-3)} - E(I)^2$$

(6-6)

其中 $k^2 = \dfrac{n \sum\limits_{i=1}^{n} (Y_i - \overline{Y})^4}{\left(\sum\limits_{i=1}^{n} (Y - \overline{Y})^2 \right)^2}$，$W_0 = \sum\limits_{i=1}^{n} \sum\limits_{j=1}^{n} W_{ij}$，$W_1, W_2$ 与公式

(6-5) 中一致。

根据上述计算公式，可以得到莫兰指数的检验统计 Z 值，进一步可以计算出关于 Z 值的 P 值，通常选取 10%、5% 和 1% 的显著性水平来判断是否拒绝原假设，是否存在空间相关性。若莫兰指数在指定的显著性水平之下依然显著，则表明研究区域存在空间相关性，反之则不存在。

6.1.3 局部空间自相关

在全局自相关的前提下，可以运用局部自相关检验计算各区域具体的相关程度。当全局 Moran's I 指数未通过检验时，说明整体上不存在空间相关性，但无法判断各区之间是否存在局部空间相关性。因此，必须进行局部 Moran's I 指数检验。局部 Moran's I 指数的具体计算公式如下：

$$I = \frac{(Y_i - \overline{Y})}{S^2} \sum_{j=1}^{n} W_{ij} (Y_j - \overline{Y}) \tag{6-7}$$

其中，各部分的具体含义与全局 Moran's I 相同，都需要运用 Z 值检验法检验其显著性。局部莫兰指数的取值及解释如表 6-1 所示。

表 6 - 1   局部 Moran's I 指数散点图含义

象 限	聚集类型	取值	含 义
第一象限	高-高（H-H）聚集区	正	高观测值区域被同是高值区域所包围的空间联系形式
第二象限	低-高（L-H）聚集区	负	低观测值区域被高值区域所包围的空间联系形式
第三象限	低-低（L-L）聚集区	正	低观测值区域被同是低值区域所包围的空间联系形式
第四象限	高-低（H-L）聚集区	负	高观测值区域被低值区域所包围的空间联系形式

6.1.4 空间杜宾模型

空间计量模型最早是用来分析截面数据的，一般的空间计量模型有三种形式：空间杜宾模型（SDM）、空间滞后模型（SAR）、空间误差模型（SEM）。空间杜宾模型是在空间滞后模型和空间误差模型的基础上提出的更为通用的模型，其考虑到了因变量和自变量的空间依赖关系，本地区的自变量不仅对本地区的因变量产生影响，还会对邻近地区的因变量产生影响。因此，本书选取空间面板杜宾模型进行分析，模型可表示为：

$$Y = \rho WY + X\beta + W\overline{X}\theta + \varepsilon \qquad (6-8)$$

式（6-8）中，Y 为因变量向量，X 为解释变量向量，W 为空间权矩阵，β、θ 为待估计参数，ε 为残差项；ρ 为空间自回归系数，反映了邻近区域绿色农业生产率的空间溢出效应，参数的显著性反映了绿色农业生产率的空间相关性，参数值的大小则反映了空间溢出效应和扩散效应的平均强度；$X\beta$ 为区域内解释变量对被解释变量的影响；ρWY 为空间滞后项，反映邻近区域被解释变量对区域被解释变量的影响；$W\overline{X}\theta$ 反映了邻近区域解释变量对区域被解释变量的空间影响。

由于空间计量模型存在空间滞后项，回归系数不能真实反映解释变量对被解释变量的影响，进一步提出直接效应与间接效应分别表示解释变量对本地区与相邻地区的平均效应。平均效应通过空间杜宾模型向量形式转化得到：

$$Y = \rho WY + X\beta + WX\theta + \alpha\tau_n + \varepsilon \qquad (6-9)$$

$$(1 - \rho W)Y = X\beta + WX\theta + \alpha\tau_n + \varepsilon \qquad (6-10)$$

$$Y = \sum_{r=1}^{k} S_r(W)x_r + V(W)\alpha\tau_n + V(W)\varepsilon \qquad (6-11)$$

其中，$S_r(W) = V(W)(I_n\beta_r + W\theta_r)$

$$V(W) = (I_n - \rho W)^{-1} = I_n + \rho W + \rho^2 W^2 + \rho^3 W^3 + \cdots + \rho^n W^n$$

用矩阵表示如下：

$$
\begin{bmatrix} y_1 \\ y_2 \\ \vdots \\ y_n \end{bmatrix} = \sum_{r=1}^{k}
\begin{bmatrix}
S_r(W)_{11} & S_r(W)_{12} & \cdots & S_r(W)_{1n} \\
S_r(W)_{21} & S_r(W)_{22} & \cdots & S_r(W)_{2n} \\
\vdots & \vdots & \cdots & \vdots \\
S_r(W)_{n1} & S_r(W)_{n2} & \cdots & S_r(W)_{nn}
\end{bmatrix}
\begin{bmatrix} x_{1r} \\ x_{2r} \\ \vdots \\ x_{nr} \end{bmatrix} +
$$

$$V(W)_i\alpha\tau_n + V(W)_i\varepsilon \qquad (6-12)$$

则：$y_i = \sum_{r=1}^{k} \left[S_r(W)_{i1}x_{1r} + S_r(W)_{i2}x_{2r} + \cdots + S_r(W)_{in}x_{nr} \right] +$

$$V(W)_i\alpha\tau_n + V(W)_i\varepsilon \qquad (6-13)$$

因此，$\dfrac{\partial y_i}{\partial x_{ir}} = S(W)_{ii}$ 表示直接效应，是解释变量 x 对被解释变量 y 产生的平均效应；$\dfrac{\partial y_i}{\partial x_{jr}} = S(W)_{ij}$ 表示间接效应，是解释变量 x 对其他空间单元被解释变量 y 产生的平均效应。

6.2 指标选取与数据说明

6.2.1 指标选取

在阅读了大量文献和相关理论的基础上，发现影响农业绿色发展的因素有很多。结合北京农业农村发展情况，本书从产业结构、财政支农水平、机械化水平、城镇化率、经济发展水平、科技研发水平等方面对农业绿色全要素生产率进行影响因素分析。

(1) 产业结构

产业结构是经济系统的重要结构,不同的经济状况,不同的要素结构,决定了不同的产业结构。产业结构不仅反映了经济发展水平,还反映了产业的地区分布与资源配置状况。产业结构对绿色经济效率和绿色全要素生产率增长的影响主要体现在两方面:一方面,不同产业对环境的压力不同,例如第二产业以制造业为主,虽然可以带动经济的发展,但是往往不利于环境保护;另一方面,合理的产业结构有利于促进要素的合理分配,降低生产成本,产业结构合理化促使区域经济的投入产出协调。同时合理的产业结构能够促进城市经济发展,推动生产率的提高,不合理的产业结构可能会造成资源浪费与污染排放等问题。因此,本书选择第二产业增加值比重作为产业结构的衡量指标。最后为消除异方差的影响,进行取对数处理,取得最终第二产业增加值比重 $\ln x_1$ 指标。

(2) 财政支农水平

农业财政支出的高低表示国家和政府对一个地区农业发展重视程度的大小,普遍认为农业财政支出的增加将有利于农业科研人员工作积极性的提高,研发农业生产新技术、新工艺,提高农业生产效率。另外,当对一个地区农业重视程度不够,或者为了追求农业的高速发展而使用大量化肥、农药等高污染的农业生产资料时,将不利于农业绿色生产效率的提高。总体来说,农业财政支出可能有利于农业进步与发展。本研究选取各地区农林水务支出与地方财政一般预算支出的比例表示财政支农水平,相关统计只呈现广义农业的财政支出,因此在数据处理中首先求得种植业产值占农林牧渔业产值的比重,然后根据比重计算种植业财政支出,最后求得种植业财政支出与财政总支出的比例关系,即是最终需要的农业财政支出水平 $\ln x_2$ 指标。

(3) 机械化水平

农业机械化是实现农业现代化的必然选择。农业机械化水平高,一方面能够减少劳动力投入,另一方面还能够使生产效率得到提高,但需注意的是农业机械的使用会加大资源的投入,使非期望产出增加，所以机械化水平对农业绿色全要素生产率的影响可能是积极的也可能是消极的。本书通过各地区农业机械总动力表示机械化水平。同样为了消除异方差带来的影响，对数据进行取对数处理，即为最终的机械化水平 $\ln x_3$ 指标。

（4）城镇化率

城镇化水平的提高能够带动农业经济及农村的全面发展。城镇人口作为消费市场的主力军，对拉动生产、促进消费具有重要的推动作用，对于农产品市场同样具有重要的作用。城镇化水平的提高将增加对农产品的需求数量，刺激农民提高生产积极性，进而提高农业生产效率。城镇人口具有一定程度的环保意识及对绿色无公害农产品的辨别能力，城镇化水平的提高对农业的绿色发展具有一定的带动作用。由此可见，城镇化水平的提高有利于促进农业绿色发展水平的提升。但是城镇化率的提高也会导致农村主要劳动力大量向城镇转移，导致农村劳动力不足，生产效率降低，同时，城镇化率的提高使得大量农业用地转为建设用地，耕地面积减少，同样可能导致农业生产率降低。本书采用城镇人口与总人口的比例表示城镇化水平，取对数得到最终的城镇化率 $\ln x_4$ 指标。

（5）经济发展水平

经济发展程度体现的是一个国家或地区经济发展的活力。具体来说，一方面城市的经济得到增长，会吸引人才、资本和劳动等生产要素，提高生产要素的利用率，同时随着经济增长，居民环保意识也会逐步加强，关注环境污染和资源浪费问题，自主加入生态环境的建设；但是另一方面，在经济发展的初期，社会更加注重经济的发展，从而会导致对环境因素的忽视，而粗放的经济增长模式，也会使得资源投入和能源消耗增多，导致污染排放的增多，绿色经济效率将受到影响。本文以人均地区生产总值来衡量经济发展水平，为消除异方差的影响，进行取对数处理，取得最终农业经济发展水平 $\ln x_5$ 变量。

（6）科技研发水平

技术是解决能源和环境问题的核心，其对全要素生产率提升的促进作用可以通过两个方面体现，一方面是可以通过技术水平提高能源利用率，另一方面可以降低污染物的排放。当前学者认为技术发展对环境的影响是一把双刃剑。即若技术在发展初期为污染性技术，则对环境产生负面影响，阻碍绿色生产率的发展；但经过技术革新后，技术可能发展为环保型技术，对环境产生积极效应，加速绿色生产率的发展。总之，科技研发水平对绿色全要素生产率的影响既可能是积极的，也可能是消极的。而研发水平的高低很大程度上决定一个地区的科技创新能力，从现有文献和众多学者研究成果来看，用采用科研经费情况、农业专业技术人员占农业从业人员比重等指标衡量一个地区的技术情况，但受限于北京区域层面的数据可得性，本书借鉴刘召（2019）的方法，采用专利申请数表示技术进步程度，取对数得到最终的技术进步程度 $\ln x_6$ 指标。

根据以上分析，解释变量描述性统计结果如表 6-2 所示。

表 6-2 影响因素指标说明

变 量	指 标	符 号	指标描述	单 位
被解释变量	农业绿色全要素生产率	Y		
解释变量	第二产业发展水平	$\ln x_1$	第二产业增加值占国内生产总值的比重	%
	财政支农水平	$\ln x_2$	种植业财政支出占地方财政支出的比重	%
	机械化水平	$\ln x_3$	机械总动力	万千瓦
	城镇化率	$\ln x_4$	城镇人口占总人口比重	%
	经济发展水平	$\ln x_5$	人均地区生产总值	万元
	技术进步程度	$\ln x_6$	专利申请数	件

6.2.2 数据说明

被解释变量为前文测算出来的农业绿色全要素生产率水平值；

相关解释变量分别来自 2009—2018 年《中国统计年鉴》《北京统计年鉴》《北京区域统计年鉴》以及各区统计年鉴。

6.3 农业绿色发展空间相关性分析

6.3.1 全局空间相关性

在进行空间计量模型估计之前，为分析农业绿色全要素生产率是否存在空间相关性，采用 Moran's I 指数来探究其空间相关性特征。为此对 2010—2019 年北京市 13 个区的农业绿色全要素生产率进行分析。

在构建邻接权重矩阵时，由于东城区、西城区和石景山区的农业产业稀少，因此三个区不纳入在矩阵构建中，北京市 13 个区的地理相邻区域具体情况如表 6 - 3 所示。

表 6 - 3 北京市各区地理相邻区域列表

	相邻区域
朝阳区	丰台区、通州区、顺义区、昌平区、大兴区
丰台区	朝阳区、海淀区、门头沟区、房山区、大兴区
海淀区	朝阳区、丰台区、门头沟区、昌平区
门头沟区	丰台区、海淀区、房山区、昌平区
房山区	丰台区、门头沟区、大兴区
通州区	朝阳区、顺义区、大兴区
顺义区	朝阳区、通州区、昌平区、怀柔区、平谷区、密云区
昌平区	朝阳区、海门区、门头沟区、顺义区、怀柔区、延庆区
大兴区	朝阳区、丰台区、房山区、通州区
怀柔区	顺义区、昌平区、密云区、延庆区
平谷区	顺义区、密云区
密云区	顺义区、怀柔区、平谷区
延庆区	昌平区、怀柔区

表 6 - 4 列出了基于 0 - 1 邻接权重矩阵的北京市农业绿色全要素生产率的全局 Moran's I 指数结果，可以看出在研究期内，仅有 2013—2014 年、2015—2016 年、2017—2018 年的 Moran's I 指数在不同显著性水平下通过检验，且 Moran's I 均大于 0，存在空间正相关关系，其余年份的 Moran's I 指数没有通过显著性检验，接受了原假设，但仍可说明农业绿色全要素生产率存在一定的空间相关性。

对于大部分年份的 Moran's I 指数不显著而言，可能存在的原因有：第一，Moran's I 指数仅仅基于 0 - 1 邻接空间矩阵测算得到，该矩阵本身存在一定弊端，无法准确反映两地之间的空间特征；第二，可能是因为各区资源禀赋和区位条件差异较大，中心城区农业产业较少，其主要发展方向为科技创新中心、产业转型发展示范区、商务中心区、高品质生活服务供给的重要保障区。平原地区则大力发展设施农业、观光农业、农产品加工等高附加值的农业，逐步形成现代化农业园；西部、北部山区重点发展观光农业、林果种植业和养殖业等具有山区优势的特色农业。可见，各区立足自身资源禀赋和区位优势安排农业生产，使北京市农业绿色全要素生产率大部分年份不存在显著的空间相关性。

表 6 - 4　北京市农业绿色全要素生产率 Moran's I 检验

年　　度	Moran's I	P 值*
2010—2011	−0.056	0.428
2011—2012	−0.005	0.282
2012—2013	0.029	0.135
2013—2014	0.332***	0.002
2014—2015	−0.163	0.275
2015—2016	0.144**	0.023
2016—2017	−0.160	0.311
2017—2018	0.133*	0.085
2018—2019	−0.048	0.386

注：*、**、***分别表示在 10%、5%、1%水平下显著。
资料来源：根据 Stata 软件计算结果整理所得。

6.3.2 局部空间相关性

全局 Moran's I 指数忽略了各区之间的差异，不能反映各区农业绿色全要素生产率的局部空间相关情况。因此，需要进行局部空间相关性分析，根据区域间的地理位置关系，揭示具体哪些区呈现出农业绿色发展水平高观测值的空间聚集现象，哪些区呈现出农业绿色发展水平低观测值的空间聚集现象。分别选取 2010—2011 年、2013—2014 年、2015—2016 年、2018—2019 年作为正向聚集和负向聚集的代表年份进行分析。

根据图 6-1 和表 6-5 可分析得出北京市各区的农业绿色全要素生产率的空间聚集特征。位于第一象限表明该区域具有良好的空间溢出效应，对周边农业绿色全要素生产率的发展起到一定的带动作用，位于第三象限表明该区域具有恶化的溢出效应，而位于二、四象限则表明该区域与相邻区域之间不存在同方向的相互影响。

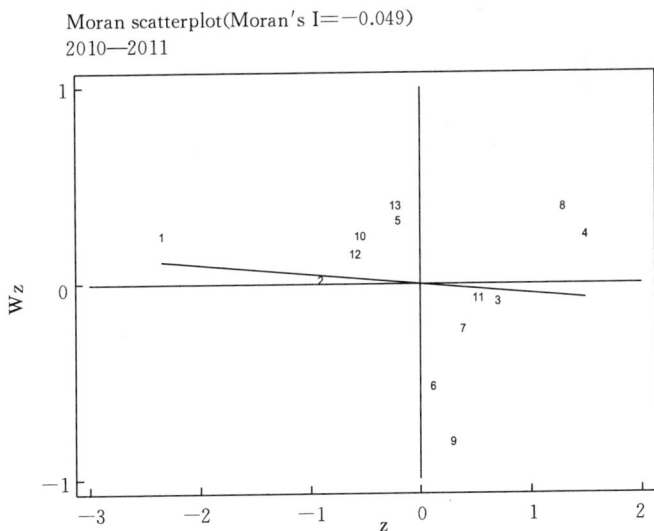

Moran scatterplot(Moran's I = −0.049)
2010—2011

Moran scatterplot(Moran's I=0.324)
2013—2014

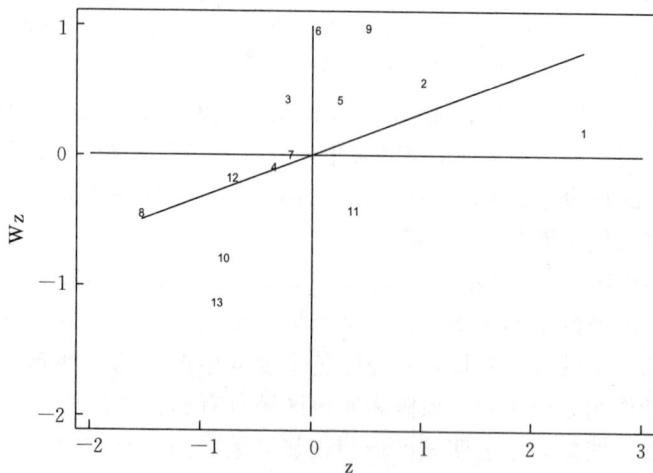

Moran scatterplot(Moran's I=0.169)
2015—2016

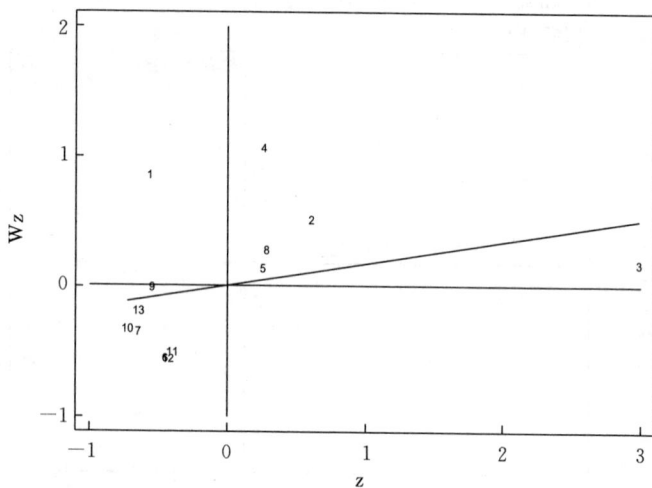

Moran's scatterplot(Moran's I＝－0.036)
2018—2019

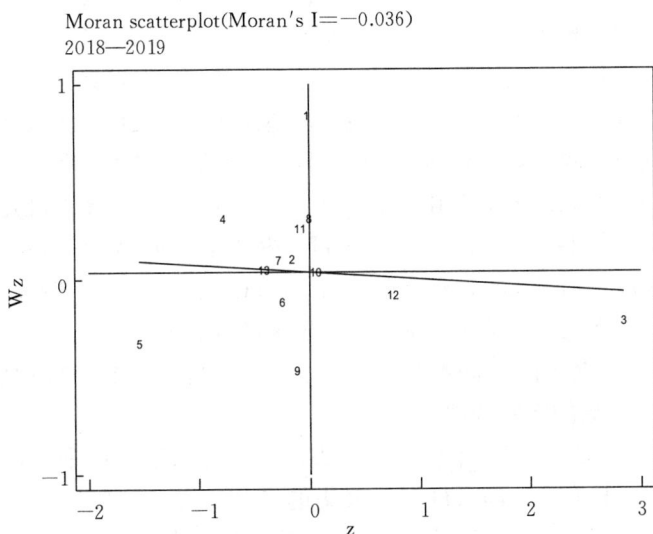

图 6 - 1 局部 Moran's I 指数散点图

表 6 - 5 主要年份农业绿色全要素生产率 Moran's I 指数散点图对应区域

聚集类型	2010—2011 年	2013—2014 年	2015—2016 年	2018—2019 年
高一高 (H-H)	门头沟、昌平	朝阳、丰台、房山、通州、大兴	丰台、门头沟、房山、昌平	
低一高 (L-H)	朝阳、丰台、房山、怀柔、密云、延庆	海淀、顺义	朝阳	朝阳、丰台、门头沟、顺义、昌平、平谷、延庆
低一低 (L-L)		门头沟、昌平、怀柔、密云、延庆	大兴、通州、顺义、怀柔、平谷、密云、延庆	房山、通州、大兴
高一低 (H-L)	海淀、通州、顺义、大兴、平谷	平谷		海淀、怀柔、密云

2010—2011 年，门头沟区和昌平区位于第一象限，具有高—高（H-H）聚集的空间特性；朝阳区、丰台区、房山区、怀柔区、密云区和延庆区位于第二象限，具有低—高（L-H）聚集的空间特性；没有区位于第三象限；海淀区、通州区、顺义区、大兴区和平谷区位于第四象限，具有高—低（H-L）聚集的空间特性。

2013—2014 年，朝阳区、丰台区、房山区、通州区和大兴区位于第一象限，具有高—高（H-H）聚集的空间特性；海淀区和顺义区位于第二象限，具有低—高（L-H）聚集的空间特性；门头沟区、昌平区、怀柔区、密云区和延庆区位于第三象限，具有低—低（L-L）聚集的空间特性；平谷区位于第四象限，具有高—低（H-L）聚集的空间特性。

2015—2016 年，丰台区、门头沟区、房山区和昌平区位于第一象限，具有高—高（H-H）聚集的空间特性；朝阳区位于第二象限，具有低—高（L-H）聚集的空间特性；大兴区、通州区、顺义区、怀柔区、平谷区、密云区和延庆区位于第三象限，具有低—低（L-L）聚集的空间特性；没有区位于第四象限。

2015—2016 年，不存在位于第一象限的区；朝阳区、丰台区、门头沟区、顺义区、昌平区、平谷区和延庆区位于第二象限，具有低—高（L-H）聚集的空间特性；房山区、通州区和大兴区位于第三象限，具有低—低（L-L）聚集的空间特性；海淀区、怀柔区和密云区位于第四象限，具有高—低（H-L）聚集的空间特性。

通过分析发现，虽然一些年份具有一定的空间相关性，但是，近年来北京市不同区的空间聚集特征变动较大，表明了各区之间的农业绿色全要素生产率的空间聚集特征随时间而发生显著变化，且在空间相关性不显著的年份中，存在具有显著空间相关性的区。据此，政府在制定有关农业绿色发展的政策时，可以根据不同区的地理位置特点进行分类处理，重点发展低—低（L-L）聚集区域，严格把控低—高（L-H）、高—低（H-L）聚集区域，积极推进高—高（H-H）聚集区域，使得各区农业绿色发展不断渗透，提高北京市农业绿色发展的整体水平。

6.4 空间杜宾模型分析

6.4.1 模型检验与选择

在建立空间计量模型进行计算之前需要通过检验进行模型选择，以便确定本研究是否有必要采用空间回归模型而不是一般回归模型，同时确定具体使用哪种模型更准确。

首先需要采用 LM 检验对比空间滞后和空间误差模型，表 6-6 列出了农业绿色全要素生产率的空间滞后模型和空间误差模型的拉格朗日乘数（Lagrange Multiplier）及其稳健性（Robust Lagrange Multiplier）检验结果。根据检验结果可知，空间误差模型的 LM 检验结果 P 值为 0.055，在 10% 的显著水平下拒绝了无空间误差效应的原假设，空间滞后模型的 LM 检验结果 P 值为 0.036，在 5% 的显著性水平下拒绝了无空间滞后效应的原假设，因为拒绝这两个原假设，且空间杜宾模型是将空间滞后和空间误差模型包括起来的一般化模型，所以空间杜宾模型可以更好地拟合数据。

表 6-6   Lagrange Multiplier 检验结果

检 验		Statistic	P 值
Spatial error	LM	3.675	0.067
	Robust LM	4.868	0.068
Spatial lag	LM	5.136	0.036
	Robust LM	6.328	0.037

资料来源：根据 Stata 软件计算结果整理所得。

接下来运用 Hausman 检验，判定是选择随机效应模型还是固定效应模型，当拒绝原假设，Hausman 的值为正，且通过显著性检验时，应选择固定效应模型进行计算分析，反之选择随机效应模型。本研究的 Hausman 检验值为 12.66，$P=0.0488$，通过了 5% 的显著性水平检验，因此，本研究选择固定效应模型（表 6-7）。

表6-7　Hausman 检验结果

Hausman 检验	P 值
12.66	0.048 8

资料来源：根据 Stata 软件计算结果整理所得。

随后进行模型稳健性检验，用 LR 检验和 Wald 检验鉴别空间杜宾模型是否可能退化为空间误差模型或者空间滞后模型。LR 检验时 P 值分别为 0.023 6 和 0.032 2，均在 5% 的水平下显著。Wald 检验时，P 值分别为 0.081 8 和 0.074 0，同样在 10% 的水平下显著，说明拒绝空间杜宾模型转换为空间滞后和空间误差模型的原假设成立（表6-8）。

表6-8　LR、Wald 检验结果

检验	SAR		SEM	
	Statistic	P 值	Statistic	P 值
LR	14.60	0.023 6	13.78	0.032 2
Wald	11.22	0.081 8	11.50	0.074 0

资料来源：根据 Stata 软件计算结果整理所得。

固定效应模型又可分为时间固定、个体固定、双向固定，比较这三种模型的 R^2 系数，进而选择拟合系数最好的模型，通过计算本研究选择双向固定的模型进行下一步的影响因素分析。

6.4.2　模型回归结果分析

采用空间杜宾模型进行回归分析，结果见表6-9。

表6-9　空间杜宾模型估计结果（固定效应）

	变量	估计值	Z 值	P 值
Main	$\ln(x_1)$	−0.327 5	−1.12	0.261
	$\ln(x_2)$	0.265 9***	3.41	0.001
	$\ln(x_3)$	−0.6419***	−4.29	0.000

（续）

	变量	估计值	Z 值	P 值
	$\ln(x_4)$	-1.6353	-0.94	0.349
Main	$\ln(x_5)$	-0.5881^*	-1.92	0.055
	$\ln(x_6)$	0.0682	0.76	0.449
	$\ln(x_1)$	1.5806^{**}	2.19	0.029
	$\ln(x_2)$	0.2335	1.35	0.177
	$\ln(x_3)$	0.7072^{***}	2.81	0.005
Wx	$\ln(x_4)$	-0.3085	-0.06	0.949
	$\ln(x_5)$	1.4138^{**}	1.87	0.062
	$\ln(x_6)$	-0.1622	-0.70	0.484

注：*、**、***分别表示在 10％、5％、1％水平下显著。

资料来源：根据 Stata 软件计算结果整理所得。

产业结构方面。第二产业增加值占比的影响系数估计值为
-0.3275，但是并未通过显著性检验，而空间滞后项的系数为
1.5806，在 5％的水平下通过显著性检验，且系数相对较大。本地
区的二产占比的提高，对本地区农业绿色全要素生产率水平的负向
作用是不确定的，但是会对邻近地区的绿色全要素生产率产生较大
的正向影响，第二产业增加值占比每提高 1％，邻近地区的农业绿
色全要素生产率就会相应提高 1.5806％。产业结构的变化会较大
程度地影响农业绿色全要素生产率水平，产业结构越合理，对促进
绿色全要素生产率就会越有利。

财政支农水平方面。影响系数估计值为 0.2659，在 1％的显
著水平下通过检验，空间滞后项系数为 0.2335，没有通过显著性
检验。说明本地区的财政支农水平对于本地的农业绿色全要素生产
率提高具有正向推动作用，财政支农水平每提高 1％，本地的农业
绿色全要素生产率就会提高 0.2659％，但是对于邻近地区农业绿
色全要素生产率水平的影响不确定。总体来说，农业财政支出有利
于农业水平提高与农业绿色发展。

机械化水平方面。影响系数估计值为－0.6419，空间滞后项系数为 0.707 2，并且均在 1% 的显著性水平下通过检验。说明本地区的机械化水平对于本地的农业绿色全要素生产率水平有负向影响，而对邻近地区的农业绿色全要素生产率具有显著的正向作用。机械总动力每提高 1%，本地区的农业绿色全要素生产率下降0.641 9%，邻近地区的农业绿色全要素生产率提升 0.707 2%。机械化程度会明显改变农业绿色发展水平，但仍需要进一步优化农业机械化水平，既要提升农业绿色全要素生产率，又要减少对本地区的抑制作用。

城镇化率方面。影响系数估计值为－1.635 3，空间滞后项系数为－0.308 5，均未通过显著性检验，说明城镇化水平提高可能对本地以及邻近地区的农业绿色全要素生产率产生抑制作用，但是并不是影响北京农业绿色全要素生产率的关键因素。

经济发展水平方面。影响系数估计值为－0.588 1，空间滞后项系数为 1.413 8，并且均在 10% 的显著水平下通过检验。说明经济的发展水平对本地的农业绿色全要素生产率具有负向影响，对邻近地区的农业绿色全要素生产率具有显著的正向作用，本地区的人均地区生产总值每提升 1%，本地区的农业绿色全要素生产率就会下降 0.588 1%，而邻近地区的农业绿色全要素生产率水平会相应提高 1.413 8%。经济水平的提高有利于农业技术进步，促进农业现代化，进而对农业生产率产生影响，经济发展水平提升可以有效促进邻近地区农业绿色发展，但是高速发展经济也可能在一定程度上给本地区环境带来直接的负面影响，特别是在北京的资源与环境双重约束的情况下，降低了本地区农业绿色发展水平。

科技研发水平方面。影响系数估计值为 0.068 2，空间滞后项系数为－0.162 2，均未通过显著性检验。说明虽然技术创新与专利申请对于本地区农业绿色全要素生产率呈现正向影响，但是作用效果并不显著。可能是由于专利申请、科研投入的提升带来了技术进步，但是农业技术的推广不足，农业技术效率较低，使得提升效果不显著，应在加大科技研发促进技术进步的同时，加大农业科技人才投入，提高技术效率。

6.4.3 空间溢出效应分解

前文分析了空间杜宾模型解释变量和滞后解释变量的回归结果，但是由于上述结果并不能准确地反映空间溢出效应的数量关系，因此，在此基础上，进一步通过采用偏微分法分解为直接效应、间接效应和总效应对影响因素进行分析。分解结果如表6-10所示。

表6-10　空间杜宾模型影响效应分解表

变量	Direct	P 值	Indirect	P 值	Total	P 值
$\ln x_1$	−0.237 5	0.428	1.789 5**	0.050	1.552 1	0.102
$\ln x_2$	0.276 7***	0.001	0.327 1	0.122	0.603 8**	0.029
$\ln x_3$	−0.596 0***	0.000	0.716 1**	0.014	0.120 0	0.714
$\ln x_4$	−1.740 8	0.342	−0.916 8	0.877	−2.657 6	0.709
$\ln x_5$	−0.508 2	0.109	1.531 4*	0.094	1.023 2	0.276
$\ln x_6$	0.065 2	0.484	−0.166 9	0.567	−0.101 7	0.762

注：*、**、***分别表示在10%、5%、1%水平下显著。
资料来源：根据Stata软件计算结果整理所得。

二产占比的直接效应估计值为−0.237 5，间接效应估计值为1.789 5，总效应估计值为1.552 1，只有间接效应在5%的显著水平下通过检验，直接效应和总效应均未通过显著性水平检验。可见第二产业发展水平对邻近地区的促进作用较大，可能由于第二产业在生产过程中吸纳了周边地区的资源要素，增加了本地区的污染物排放量，加剧了环境污染，但同时周边地区工业企业相应减少，从而一定程度上减少了邻近地区的污染物排放，改善了邻近地区的生态环境，对农业绿色全要素生产率的提高起到显著的促进作用。因此，在今后的发展过程中要不断优化产业结构布局，通过高度工业化过程中资源、技术、信息等优势，缓解对本地农业绿色全要素生产率的潜在负向影响，同时进一步加强对邻近地区的正向影响。

财政支农水平的直接效应估计值为 0.276 7，间接效应估计值为 0.327 1，总效应估计值为 0.630 8，直接效应和总效应分别通过了 1% 和 5% 的显著性水平检验，间接效应未通过检验。说明本地区的财政支农程度对本地区及邻近地区的农业绿色全要素生产率水平均呈现正向作用，但是对邻近地区的影响不明显。可能的原因有：第一，财政支农水平提高对于农业技术研发、农业设施完备、农业专业人才培养和引进都可提供大力支持，进而提高了本地的农业绿色全要素生产率；第二，为农民提供良好生活保障，转变传统农业的发展观念和固有思维，使农民不再只追求数量，转而追求农业生态良好和可持续发展，可减少化肥、农药等污染物的使用，从而提高了农业绿色全要素生产率水平。但是，本地区的财政支农水平有限，辐射带动作用不明显，应增加各地区的农业财政支出。

机械化水平的直接效应估计值为 -0.596 0，通过了 1% 的显著性水平检验，间接效应估计值为 0.716 1，通过了 5% 的显著性水平检验，总效应估计值为 0.120 0，可能由于直接效应和间接效应相互抵消，导致总效应并未通过显著性检验。可以看出农业机械化对本地和邻近地区同时有着负向和正向的显著性影响，产生这种影响可能是由于本地区的农业机械总动力的增加虽然可以提高劳动生产效率，节约劳动成本，但是大量使用农业机械，使得非期望产出增加，机械化水平的提高对本地区农业绿色全要素生产率产生的负向影响超过了正向影响，产生抑制作用，但是对于邻近地区的辐射带动效应较为显著。今后应该更加注重机械化水平提升与环境友好的协同发展。

经济发展水平的直接效应估计值为 -0.508 2，间接效应估计值为 1.531 4，总效应估计值为 1.023 2，间接效应通过了 10% 的显著性水平检验，直接效应和总效应未通过显著性水平检验。可以看出经济发展水平对于本地的农业绿色全要素生产率存在负向影响，但是并不显著，而对邻近地区却有显著促进作用。可能由于经济水平提高，消耗大量生产要素的投入，严重影响了本地区的自然资源环境，对邻近地区的生态环境不造成直接影响，所以本地区环境遭到破坏所带来的负向影响大于经济发展对生产力的促进作用，经济发展对本地区的农业绿色全要素生产率提高可能存在潜在的抑制作用，但是对于邻近地区的农业绿色发展水平却具有促进作用。

产业结构、机械化水平和经济发展水平对本地和邻近地区的农业绿色全要素生产率具有同方向的影响。北京市的城市功能定位和社会经济发展水平决定了其产业结构以二、三产业为主，一产占比逐渐减少，而二、三产业对经济的拉动效果又高于一产，可为机械化进程提供助力，形成了经济增速显著、机械化水平较高的情况。但是二、三产业的快速发展，在投入生产和提供服务的同时，破坏了水、土壤、大气等农业发展所必需的生态资源，阻碍了农业绿色生产，进而对本地区农业绿色全要素生产率提高产生不利影响。除去环境因素的制约，其显著为正的间接效应，对邻近地区的农业绿色发展水平呈现辐射带动作用，有利于其生产效率的提升。北京需高度重视自身发展带来的环境问题，减轻对生产率的抑制作用，才能更好地提高农业绿色全要素生产率水平。

6.5 本章小结

第一，运用 Moran's I 指数分析北京市农业绿色全要素生产率的空间相关性，从全局层面发现，近十年中有部分年份具有显著的空间正相关性；从局部层面分析发现，在不显著相关的年份中依然有区域呈现显著的空间相关性，区域之间农业绿色全要素生产率的空间相关性随时间而发生显著变化。

第二，运用空间杜宾模型对农业绿色全要素生产率的影响因素进行分析，从解释变量的回归分析发现，财政支农水平、机械化水平和经济发展水平对农业绿色全要素生产率具有显著影响；

从滞后项的回归分析中发现，本地的产业结构、机械化程度和经济发展水平对邻近地区的农业绿色全要素生产率具有显著的正向影响；从空间溢出效应的分解来看，财政支农水平对农业绿色全要素生产率具有正向影响，而机械化水平对农业绿色全要素生产率的影响为负，产业结构、机械化程度和经济发展水平具有正的外部溢出效应。

7 研究结论与对策建议

7.1 研究结论

7.1.1 农业绿色发展整体向好，但农业投入品利用效率仍待提升

2010—2019 年，农业生产过程中三类主要生产要素（土地、劳动力、资本）利用率不断上升，农业面源污染对农业绿色发展形成了阻碍，但随着经济进入新常态，这一问题有所缓解，农业废弃物排放量明显减少，综合利用率提高。化肥、农药、农膜等生产资料的投入总量虽然减少，但是单位面积的利用强度仍较高。

7.1.2 农业绿色发展综合评价指数上升，但农村社会环境治理仍较薄弱

利用农业绿色发展指标评价体系对全市农业绿色发展水平进行评价，结果表明，近年全市农业绿色发展水平取得了显著成效，评价指数逐年上升。尤其是在农业资源利用、农业生态环境保护等方面取得了长足的发展，这两类指标得分明显偏高，但相对而言，农村社会环境治理仍是绿色发展的薄弱环节，有待进一步加强。

7.1.3 农业绿色全要素生产率逐年递增，但增速放缓

近年来北京农业绿色全要素生产率呈现波动变化的现象，2015年以后相较 2010—2015 年增速有所放缓，考虑环境因素与未考虑环境因素时增速分别较 2010—2015 年下降了 7.62% 和 4.63%，但年均仍处于增长态势。

7.1.4 大部分区域实现了环境友好发展，但区域间差异较大

分地区来看，大部分地区在考虑环境因素时农业绿色全要素生产率优于未考虑环境因素，初步进入农业绿色发展模式。中心城区及近郊区的农业绿色全要素生产率水平明显高于远郊区，各区的农业绿色发展水平存在较大差异，因此今后要采取针对性措施解决不同区农业绿色全要素生产率增长的问题。

7.1.5 农业绿色全要素生产率的增长主要来源于技术进步的驱动

北京整体时序层面和各区层面都呈现出农业绿色全要素生产率与技术进步变动趋势相同的情况，技术进步成为推动农业绿色全要素生产率提升的主要驱动力，技术效率在一定程度上阻碍或者抑制了农业绿色全要素生产率的提高。

7.1.6 农业绿色全要素生产率具有空间相关性，影响因素存在溢出效应

由于各区资源禀赋和区位优势不同，部分年份不具有显著的空间相关性，但是局部区域具有一定的空间相关性。同时在诸多影响因素中，产业结构、财政支农水平、机械化水平、经济发展水平均对本地区或邻近地区的绿色全要素生产率产生显著影响。

7.2 对策建议

7.2.1 优化农业生产要素投入，实现绿色增产增效

优化农业生产要素投入情况，是提高农业产量，保障农业经济增长的基础，但是不合理的投入要素会阻碍农业的绿色发展与进步。一方面北京面临生态资源的刚性约束，耕地资源减少，水资源紧缺，农村劳动力大量转移，水、土地、农村劳动力等资源的短缺使得北京农业发展必须走集约型发展模式。另一方面，粗放的农业生产方式，使得农药、化肥、农膜等化学投入品过量，不仅造成了

资源的浪费，还直接导致农业生产过程中的非期望产出增加，为避免农业面源污染加剧和生态环境的恶化，需要推进农业投入品减量化使用。例如，针对资源短缺等问题，可合理规划农业用水价格，避免由于农业用水收费不合理造成的浪费现象，同时改变灌溉方式，科学灌溉。加强农业资源养护，可实施耕地休耕轮作制度，让耕地适度休息，以提高农作物产量。严格耕地管理，坚决遏制耕地"非农化""非粮化"，同时采取多种措施提高耕地质量。针对投入品减量化，需引导农民使用有机肥替代化肥，减少化学农药使用，推进绿色生产。推进农业投入要素提质减量使用的同时，促进农业废弃物资源化利用，进而提升北京农业绿色全要素生产率。

7.2.2 强化人才支撑，大力支持远郊区农业绿色发展

研究发现，北京市技术进步水平和技术效率情况自中心城区至远郊区呈现衰减态势，而远郊区农业却在全市农业生产中占据较大份额。农业人力资本水平很大程度上决定着农业的技术水平，因此，应着力提高农业人力资本水平，加快人才资源向远郊区倾斜，以提升农业科学技术水平。可从以下几方面着手：第一，助力高校人才培养，应提高农业科研投入，增加新时代适应现代化发展的新型农业专业人才，提升与稳定科技后备力量，各区还应建立完备的人才引进制度，让专业人才在合适的岗位发挥价值；第二，加强基层农技推广队伍建设，使之成为新技术、新科技与农户生产之间的纽带，将科研和种养有机结合，可跨区开展大型学术论坛，开展技术交流与培训；第三，提升农村地区整体受教育水平，增加偏远山区的教育及学习投入，在巩固义务教育的基础上进一步提升教育质量，与此同时，大力促进农村地区中高等职业教育水平，使各个教育阶层环环相扣、相互促进，从而提高农户的整体受教育水平；第四，针对农业从业人员开展专项培训，北京虽然拥有较多高素质人才，但是相比之下农业专业人才依然缺乏，制约了北京农业绿色发展，因此需要加大对农业人才的培养，应围绕农业生产需要，定期普及农业绿色生产、农业先进技术方面的知识，结合农民的接受程

度与实际能力，制定适宜的培训课程，将农户培养成为具有绿色发展理念、掌握绿色生产技术的农村实用人才，为提升远郊区农业绿色发展水平，缩小差距，奠定良好基础。

7.2.3 完善农业创新推广体系，加强区域技术交流合作

从时序和区域角度来看，不管是否考虑环境因素，技术进步都是北京市农业绿色全要素生产率的主要驱动因素，而技术效率往往阻碍了农业绿色全要素生产率的增长。同时由于技术的扩散强度会随着距离的增加而呈现衰减的趋势，即空间上的"近邻效应"，所以距离较远、较为偏僻地区的农业技术水平相对较低，因此，必须培养科技创新能力，构建农业技术推广体系，加大推广服务力度，加强北京市各区之间的交流合作，缩小区域间的技术水平差距。对此，具体来说，第一，政府层面需要积极引导，出台相应的政策法规，鼓励农业企业创新农业技术，为其创造良好的市场环境；第二，在科技研发与创新上，不仅要研发高产量、抗虫害、绿色有机的优良农作物品种，还要探索现代化的科技手段，例如引导大型农产品加工企业加快生物、工程、环保、信息等技术集成应用，研发一批集自动测量、精准控制、智能操作于一体的绿色储藏、动态保鲜、快速预冷、节能干燥等新型实用技术，促进农产品多次加工，实现多次增值，并开发农业资源管理信息化系统，提高农业资源利用效果；第三，技术推广方面，加大农业技术推广和培训力度，也可充分利用新媒体实时高效传播，与此同时通过农业龙头企业、农民专业合作社等带动农民的绿色生产行为；第四，各区之间需要加强交流合作，降低远郊区的技术进步滞后性，加快技术扩散进程，才能缩小农业绿色全要素生产率区域间差距，进而提升北京市整体农业绿色全要素生产率水平。研究发现，区域间农业绿色全要素生产率存在空间相关性，且科技研发水平对邻近地区可能存在潜在的正向影响，但是并不显著，所以要继续加强区域间交流合作，扩大正外部溢出效应，实现北京市农业绿色可持续发展。

7.2.4　加大财政支持力度，提供农业绿色生产动力

农业绿色发展是一个投入高、周期长的发展模式，短期内效益可能并不显著，在农作物的生产、农业基础设施的配备、农业专业人才的引进、农业技术的研发等各方面，都需要大量的资金支持和投入。由前述分析结果可知，财政支农水平直接影响农业绿色全要素生产率水平，对于邻近地区而言，虽然具有正向作用的可能性，但是影响不显著。北京虽然实施了一系列农业补贴政策，但是仍可能存在财政支农结构不合理、财政支农力度不足、财政支农目标不精准等问题。因此，为了进一步强化财政支农对农业绿色全要素生产率的正向影响，北京还需要针对不同区的农业区位条件，加强农业财政补贴力度，完善农业基础设施建设，提供配套的种植、灌溉、收割、运输等农用机械设备补贴，通过财政支持的手段提高各区农业生产率水平；对农业绿色生产主体给予一定的财政补贴，加大使用有机肥、生物防治、农业废弃物资源化利用等方面的补贴力度。除此之外，应当加大对从事农业绿色发展相关企业的金融支持，在企业融资、市场开拓、品牌建设等方面给予帮助，提高企业参与的积极性，发挥企业带动作用；加大财政对农业科研、教育的投入力度，对绿色农业研发项目予以大力支持，为农业技术研发提供动力。

7.2.5　促进产业结构转型升级，优化资源配置

一个地区的产业结构情况对经济发展和生态环境均会产生影响，进而影响农业绿色全要素生产率水平。二产占比增加可能会对本地区的环境产生影响，对农业绿色全要素生产率产生不利影响，但是经济水平提升，地区经济发展现代化程度提高，仍会对其邻近其他地区产生显著的促进作用。因此必须对高污染、高排放、高耗能的产业进行改造升级，政府层面划定污染排放红线，制定明确的奖惩制度，规范企业生产行为，减少其对环境的压力。优化资源配置，提高资源的利用率，减少能源消耗，多采用清洁能源，如太阳

能、热能、风能等。培养从事绿色农业的龙头企业，学习并借鉴农业现代化水平、可持续发展水平较高国家的经验和技术，运用现代化高新技术拉动农业生产力，利用新兴技术手段代替传统方式，从技术层面减少产品生产过程中的污染排放。优化农产品加工企业生产运营环节，推动农产品标准化生产和减量化生产，例如对于净菜加工企业，鼓励其在蔬菜产地附近就地建设净菜加工分拣基地、特色蔬菜加工基地、蔬菜精深加工基地，建设冷链物流基地和现代化冷链配送中心，推动物联网建设，拓宽销售渠道，打造农产品的绿色产业链条。优化农业产业结构，结合不同区域的功能定位和农业生产特点发展优势主导产业，例如，在近郊平原地区创建绿色产业园区，实现相关基础设施的互利共享和产业集聚，围绕设施产业集群发展设施蔬菜绿色生产，从而使资源利用更加合理，发展市民农园等农业产业模式，让消费者亲身体验农业绿色生产过程，提升其对绿色农产品的认可度；在远郊、山区等地依托当地良好的自然资源条件，开发各类绿色、有机杂粮和干鲜果等特色农产品的加工，同时，大力促进乡村旅游、休闲农业的发展，实现农业产业多元化发展，全方位带动经济良好发展。

7.2.6 转变农民传统落后观念，提升农民绿色发展意识

绿色农业是一种新的农业发展模式，农户接受起来需要一定的时间，农户普遍缺乏绿色发展意识是制约北京市农业绿色发展的一大重要因素。只有改变农户传统落后的观念，才能尽快推动农业绿色、健康、稳定、可持续的发展，提高农业绿色发展水平。农民的收入水平是农户选择生产生活方式的重要基础，收入水平越高，农民对于自身的生活品质要求便会提高，进而对所处生活环境的质量要求也会相应提高，对农产品品质提出更高的要求。农业绿色发展成本较高，农户在无法取得良好收入的情况下很难舍弃眼前利益，关注并投身于农业绿色发展。因此，在推动农业绿色发展的过程中，应该坚持把不断拓宽农村居民收入渠道，提高居民收入水平作为绿色发展的根本出发点，解决好居民的就业、收入分配等问

题。各区政府可以通过加大农民抚恤金、社会救济、生产补贴等强农、惠农、政策的实施力度，使农民收入来源更加多元化，提高农民的收入水平，进而转变农民传统落后的观念，提升绿色发展的意识。

7.3 研究不足与展望

本研究基于北京市农业绿色发展现状，构建了农业绿色发展评价指标体系，对全市农业绿色发展水平进行了测算；系统分析了北京全市及 13 个区的农业绿色全要素生产率及其分解情况，对北京市农业绿色发展过程中存在的问题及动态变化趋势有了更好的理解与把握，又通过建立空间计量模型分析了影响绿色全要素生产率的因素及空间关联关系，详细阐述了各个影响因素对农业绿色全要素生产率的空间作用，在此基础上针对北京农业绿色发展提供了一些可行性建议，实现了预期研究目标。但客观上，本研究在很多方面依旧还存在不足，可以做更进一步的探索与研究。

① 目前北京市统计年鉴和北京区域统计年鉴中关于区级层面的更细化的统计数据较为缺乏，限制了评价指标和投入产出指标的选取，测度指标未能涵盖所有的农业绿色发展过程中的相关指标，可能会使评价结果的计算存在少许误差。

② 北京农业绿色全要素生产率的影响因素有很多，本研究只是根据数据可得性和现有文献的相关研究，选取了以往研究中应用较多的指标进行分析，无法全面真实地反映所有影响北京市农业绿色全要素生产率变化的因素，关于绿色全要素生产率的影响理论及机制需要进一步探索和改进。

③ 受统计数据所限，在考虑空间因素的影响时，本研究并没有深入研究各个区之间空间关联格局及动态演化趋势；空间权重矩阵的构建仅考虑了地理上的相邻关系，并没有全面考虑社会经济的影响程度和地理距离衰减的影响，以上问题在后续研究中将进一步挖掘。

参 考 文 献

白瑞，秦书生，2012. 论我国绿色发展思想的形成 [J]. 理论月刊 (7)：
　106-109.

北京师范大学科学发展观与经济可持续研究基地，西南财经大学绿色经济与
　经济可持续发展研究基地，国家统计局中国经济景气检测中心，2011. 2011
　中国绿色发展指数报告——区域比较 [M]. 北京：北京师范大学出版社.

本刊编辑部，2017. 创新体制机制推进农业绿色发展 [J]. 财经界 (11)：
　56-57.

本刊编辑部，2017. 农业绿色发展正当时 [J]. 植物医生 (5).

蔡军霞，2018. 倡导绿色生活方式. 促进农村生态文明建设 [J]. 文化创新比
　较研究，2 (5)：36-38，40.

车宗贤，于安芬，李瑞琴，等，2011. 河西走廊绿色农业循环模式研究 [J].
　农业环境与发展，28 (4)：59-63.

陈诗一，2010. 中国的绿色工业革命：基于环境全要素生产率视角的解释
　(1980—2008) [J]. 经济研究，45 (11)：21-34，58.

陈小毅，2019. 福建省城市绿色经济效率与绿色全要素生产率增长研究 [D].
　泉州：华侨大学.

程杨，2019. 山西省农业绿色发展评价研究 [D]. 太原：山西财经大
　学，2019.

崔慧玉，2009. 日本绿色农业对吉林省农业发展的借鉴意义 [J]. 才智 (31)：
　134-135.

党银侠，杨改河，2009. 我国绿色农业制约因素分析与发展对策 [J]. 西北农
　林科技大学学报 (社会科学版)，9 (6)：26-30.

邓春霞，2011. 绿色农业经济的发展现状、前景分析及对策建议 [J]. 南方农
　业，(4)：50-51，62.

杜昌建，2018. 习近平绿色发展理念研究述评 [J]. 重庆邮电大学学报 (社会
　科学版)，30 (2)：15-22.

杜红梅，王明春，胡梅梅，2019. 不同规模生猪养殖绿色全要素生产率的时空差异——基于非径向、非角度 SBM 生产率指数模型 [J]. 湖南农业大学学报（社会科学版），20（2）：16-23.

盖·拉冯德，布莱恩·麦康，奇马克·斯塔伯格，等，2008. 加拿大西部平原和中国西部实施保护性耕作制度的对比思考 [J]. 中国农业信息（10）：4-6.

高杨，牛子恒，2018. 农业信息化、空间溢出效应与农业绿色全要素生产率——基于 SBM-ML 指数法和空间杜宾模型 [J]. 统计与信息论坛，33（10）：66-75.

葛鹏飞，王颂吉，黄秀路，2018. 中国农业绿色全要素生产率测算 [J]. 中国人口·资源与环境，28（5）：66-74.

宫本宪一，2004. 环境经济学 [M]. 北京：生活·读书·新知三联书店.

郭蓓，李婷君，魏东雄，等，2018. 北京农业绿色发展评价指标体系构建及推进方向 [J]. 农业展望，14（2）：39-44.

郭迷，2011. 中国农业绿色发展指标体系构建及评价研究 [D]. 北京：北京林业大学.

郭敏，李淑杰，2017. 基于局部空间自相关的耕地质量空间集聚性和保护分区——以吉林省九台市为例 [J]. 江苏农业科学，45（3）：206-210.

韩长赋，2018. 大力推进农业绿色发展 [J]. 农村实用技术（3）.

胡楠，2018. 习近平绿色发展思想研究综述 [J]. 科教导刊（上旬刊）（7）：146-147.

黄稳书，胡丽丽，2019. 我国农业绿色全要素生产率水平及绿色转型路径分析 [J]. 江苏农业科学，47（21）：21-27.

贾淼，刘清娟，2019. 河南省农业绿色发展绩效研究——基于 DEA 非参数效率模型 [J]. 粮食科技与经济，44（6）：126-129.

金赛美，2018. 中国农业绿色发展的空间相关性及影响因素研究 [J]. 商学研究，25（6）：44-52.

李吉江，赵荣，王勇，2017. 北京市城市住宅价格空间自相关分析 [J]. 山西建筑，43（3）：215-216.

李建秀，2016. 山西省大同县农业绿色发展研究 [D]. 晋中：山西农业大学.

李丽，2017. 黑龙江省农业绿色全要素生产率及其影响因素研究 [D]. 哈尔滨：哈尔滨理工大学.

李欠男，李谷成，尹朝静，等，2019. 河北省县域农业绿色全要素生产率的空

间特征 [J]. 生态与农村环境学报, 35 (7): 845 - 852.

李嵩誉, 2020. 农业绿色发展法律机制的建构 [J]. 郑州大学学报 (哲学社会科学版), 53 (2): 38 - 42, 126.

李婷, 2019. 河南省农业绿色全要素生产率测算及其影响因素分析 [D]. 郑州: 河南财经政法大学.

李卫芳, 2012. 北京都市型现代农业发展评价及对策研究 [D]. 北京: 北京林业大学.

李文华, 2019. 中国省域农业绿色全要素生产率的测算及影响因素分析 [D]. 重庆: 重庆工商大学.

李义稳, 2017. 黄河流域绿色发展水平的测度及其区域差异分析研究 [D]. 长沙: 湖南大学.

李兆亮, 罗小锋, 薛龙飞, 等, 2017. 中国农业绿色生产效率的区域差异及其影响因素分析 [J]. 中国农业大学学报, 22 (10): 203 - 212.

联合国开发计划署驻华代表处, 2002. 绿色发展必选之路 [M]. 北京: 中国财政经济出版社.

梁俊, 龙少波, 2015. 农业绿色全要素生产率增长及其影响因素 [J]. 华南农业大学学报 (社会科学版), 14 (3): 1 - 12.

梁流涛, 2009. 农村生态环境时空特征及其演变规律研究 [D]. 南京: 南京农业大学.

林树坦, 2018. 福州市都市型现代农业的发展评价研究 [D]. 福州: 福建农林大学.

林艳, 2011. 福建农业循环经济发展模式研究 [D]. 福州: 福建师范大学.

刘纪远, 邓祥, 刘卫东, 等, 2013. 中国西部绿色发展概念框架 [J]. 中国人口·资源与环境, 23 (10): 1 - 7.

刘濛, 2013. 国外绿色农业发展及对中国的启示 [J]. 世界农业 (1): 95 - 98, 101.

刘召, 2019. 京津冀绿色全要素生产率及差异研究 [D]. 天津: 天津理工大学.

罗其友, 唐曲, 刘洋, 等, 2017. 中国农业可持续发展评价指标体系构建及研究 [J]. 中国农学通报, 33 (27): 158 - 164.

马云博, 胡月琦, 2020. 区域经济空间相关性的趋势分析及影响因素 [J]. 商讯 (17): 159, 161.

潘丹, 2012. 考虑资源环境因素的中国农业生产率研究 [D]. 南京: 南京农业大学.

秦书生，杨硕，2015. 习近平的绿色发展思想探析［J］. 理论学刊（6）：4-11.

卿诚浩，2017. 经济转型时期中国农业绿色发展水平评价研究——基于熵值法［J］. 中国物价（11）：16-19.

屈志光，崔元锋，邓远建，2013. 基于多任务代理的农业绿色发展能力研究［J］. 生态经济（4）：102-105.

任运河，2006. 山东省绿色农业评价指标体系研究［J］. 经济社会体制比较（4）：119-122.

邵立民，2008. 我国绿色农业战略选择及对策研究［M］. 北京：中国农业出版杜.

孙洁，2017. 全面描绘农业绿色发展"路线图"［J］. 中国农村科技（12）：11.

孙炜琳，王瑞波，姜茜，等，2019. 农业绿色发展的内涵与评价研究［J］. 中国农业资源与区划，40（4）：14-21.

孙潇，黄映晖，2019. 北京市农业废弃物资源化利用分析与展望［J］. 农业展望，15（8）：75-80.

谭红英，2019. 长江经济带农业绿色生产效率及其影响因素研究［D］. 重庆：重庆工商大学.

汪晓文，王雨璇，高正，2019. 中国省域新能源产业的时空特征分析——基于空间相关性和空间异质性的研究［J］. 兰州财经大学学报，35（6）：54-64.

王德胜，2016. 绿色农业的发展现状与未来展望［J］. 中国农业资源与区划，37（2）：226-230.

王方浩，马文奇，窦争霞，等，2006. 中国畜禽粪便产生量估算及环境效应［J］. 中国环境科学（5）：614-617.

王利，2017. 我国农业绿色全要素生产率的测度及其影响因素研究［D］. 蚌埠：安徽财经大学.

王奇，王会，陈海丹，2012. 中国农业绿色全要素生产率变化研究：1992—2010年［J］. 经济评论（5）：24-33.

王倩，2019. 中国省域绿色农业发展空间差异及影响因素研究［D］. 贵阳：贵州大学.

王仁宗，2018. 借力"一带一路"倡议，促进农业绿色发展［J］. 磷肥与复肥（6）.

王淑红，杨志海，2020. 农业劳动力老龄化对粮食绿色全要素生产率变动的影响研究 [J]. 农业现代化研究，41（3）：396-406.

王先杰，2019. 吉林省农业绿色全要素生产率研究 [D]. 长春：吉林农业大学.

王兴贵，2014. 甘孜州农业绿色发展 SWOT 分析与对策研究 [J]. 浙江农业科学（4）：607-611.

王兴贵，2015. 甘孜州农业绿色发展系统优化调控研究 [J]. 黑龙江农业科学（6）：113-116.

王玥，2019. 金融发展对绿色全要素生产率影响的实证分析 [D]. 济南：山东大学.

魏琦，金书秦，2018. 推进农业绿色发展需要关注四个问题 [J]. 农村工作通讯（3）.

魏琦，张斌，金书秦，2018. 中国农业绿色发展指数构建及区域比较研究 [J]. 农业经济问题（11）：11-20.

魏延栋，史亚军，2010. 北京都市型现代农业标准体系建设研究 [J]. 中国农学通报（14）.

吴丹，王亚华，马超，2017. 北大荒农业现代化的绿色发展模式与进程评价 [J]. 农业现代化研究，38（3）：367-374.

吴义根，2019. 低碳约束下的中国农业生产率研究——基于空间计量的视角 [M]. 北京：经济科学出版社.

伍国勇，孙小钧，于福波，等，2020. 中国种植业碳生产率空间关联格局及影响因素分析 [J]. 中国人口·资源与环境（5）：46-57.

武情，李茜，2017. 基于内源式发展理念的农业绿色发展研究——以山西省平陆县为例 [J]. 中国农学通报，33（2）：155-159.

夏琦，2012. 用绿色发展理念谋划现代农业 [J]. 理论建设（5）：81-85.

肖阳，2018. 农业绿色发展背景下我国化肥减量增效研究 [D]. 北京：中国农业科学院.

辛文，2017. 长三角地区绿色全要素生产率的测度及影响因素分析 [D]. 镇江：江苏大学.

熊泽喜久雄，2008. 日本的环境保护型农业的发展和资源循环 [J]. 中国禽业导刊（15）：27-28.

许冬兰，李丰云，吕朵，2016. 绿色全要素生产率的测算方法及应用 [J]. 青岛科技大学学报（社会科学版），32（4）：30-35.

严立冬，崔元锋，2009. 绿色农业概念的经济学审视 [J]. 中国地质大学学报

（社会科学版），9（3）：40-43.

杨晓颖，2016. 资源型农村转型发展模式研究［D］. 晋中：山西农业大学.

杨秀艳，2019. 长江经济带绿色全要素生产率测度及影响因素分析［D］. 杭州：浙江财经大学.

叶初升，惠利，2016. 农业财政支出对中国农业绿色生产率的影响［J］. 武汉大学学报（哲学社会科学版），69（3）：48-55.

于点，王冲，石如岳，等，2020. 北京农村生活垃圾处理现状与对策研究［J］. 现代农村科技（8）：111-112.

于法稳，2016. 习近平绿色发展新思想与农业的绿色转型发展［J］. 中国农村观察（5）：2-9，94.

于法稳，2017. 中国农业绿色转型发展的生态补偿政策研究［J］. 生态经济，33（3）：14-18，23.

于法稳，2018. 绿色发展理念视域下的农村生态文明建设对策研究［J］. 中国特色社会主义研究（1）：76-82.

袁久和，2019. 我国农村绿色发展水平与影响因素的实证分析［J］. 山西农业大学学报（社会科学版），18（6）：46-53.

袁溧，2017. 论习近平对马克思主义绿色发展哲学的新拓展［J］. 佳木斯大学社会科学学报，35（6）：23-26.

岳文博，2016. 中国农业绿色发展指标体系构建及评价［J］. 佳木斯职业学院学报（7）：470-471.

张晨，2010. 我国资源型城市绿色转型复合系统研究［D］. 天津：南开大学，2010.

张华颖，何忠伟，2018. 北京农业废弃物循环利用现状与模式分析［J］. 农业展望，14（11）：85-90

张惠远，刘煜杰，张强，等，2017. 关于深化我国"十三五"时期农村环境保护的思考［J］. 环境保护，45（Z1）：10-13.

张乃明，张丽，赵宏，等，2018. 农业绿色发展评价指标体系的构建与应用［J］. 生态经济，34（11）：21-24，46.

张仁杰，董会忠，韩沅刚，等，2020. 能源消费碳排放的影响因素及空间相关性分析［J］. 山东理工大学学报（自然科学版），34（01）：33-39.

张永霞，2006. 中国农业生产率测算及实证研究［D］. 北京：中国农业科学院.

赵大伟，2012. 中国绿色农业发展的动力机制及制度变迁研究［J］. 农业经济问题（11）：72-77.

赵丹桂，2018. 我国农业绿色发展的转型升级研究［J］. 农业经济（11）：23-24.

赵柳惠，2015. 浙江省农业面源污染时空特征及经济驱动因素分析［D］. 杭州：浙江工商大学，2015.

赵振宇，樊伟光，2020. 北京市可再生能源资源丰度评价与空间相关性分析［J］. 农村电气化（6）：59-64.

朱守银，2017. 实现农业绿色发展任重道远［J］. 农村工作通讯（18）：1.

Alberto Colino，Diana Benito-Osorio，Carlos Rueda-Armengot，2020. Entrepreneurship culture，total factor productivity growth and technical progress：Patterns of convergence towards the technological frontier［J］. Technological Forecasting & Social Change，2014，88.

Asif Reza Anik，Sanzidur Rahman，Jaba Rani Sarker. Five Decades of Productivity and Efficiency Changes in World Agriculture（1969—2013）［J］. Agriculture，10（6）.

Bianco，2016. Green jobs and policy measures for a sustainable agriculture［J］. Agriculture and Agricultural Science Procedia，8：346-352.

Chung Y H，Färe R，Grosskopf S，1997. Productivity and Undesirable Outputs：A Directional Distance Function Approach［J］. Microeconomics，51（3）：229-240.

Daniel Solís，Juan J Agar，Julio del Corral，2015. IFQs and total factor productivity changes：The case of the Gulf of Mexico red snapper fishery［J］. Marine Policy，62.

Deli R，Miani C，1974. Biological properties of materials in conservative dentistry. II. Materials for cavity lining and cementation［J］. Minerva Stomatologica，32（6）.

Doxa A，Bas Y，Paracchini M L，et al，2010. Low-intensity agriculture increases farmland bird abundances in France［J］. Ecol，47（4）：1348-1356.

Hailu A，Veeman T S，2001. Non-parametric productivity analysis with undesirable outputs：an application to the Canadian pulp and paper industry［J］. American Journal of Agricultural Economics，83（3）：605-616.

Hiroki Uematsu，Ashok K Mishra，2012. Organic farmers or conventional farmers：Where's the money？［J］. Ecological Economics（3）：1-8.

Kahn，2014. Green Agriculture Newer Technologies［M］. Jaipur：Agrotech

Press.

Kenneth Boulding, 1958. Secular Images of Man In the Social Sciences [J]. Religious Education, 53 (2) .

Kiley-Worthington M, 1981. Ecological agriculture: What it is and how it works [J]. Agriculture and Environment, 6 (4): 349 – 381.

Matthew N, Sadiku O, Adedamola A, et al, 2020. Musa. Green Agriculture [J]. Journal of Trend in Scientific Research and Development, 4 (2) .

Oh D H, 2010. A global Malmquist-Luenberger productivity index [J]. Journal of Productivity Analysis, 34 (3): 183 – 197.

Oskam A, 1991. Productivity Measurement, Incorporating Environmental Effects of Agricultural Production [J]. Developments in Agricultural Economics, 7 (2): 186 – 204.

Parviz Koohafkan, 2012. Miguel A. Altieri. Eric Holt Gimenez. Green Agriculture: foundations for biodiverse, resilient and productive agricultural systems [J]. International Journal of Agricultural Sustainability, 10 (12): 61 – 75.

Pegah Masoudi, Esmaeil Heidarpour, 2015. Total Factor Productivity in Agricultural Sector of Iran [J]. International Journal of Administration and Governance, 1 (7) .

Pimentel D. Hepperly P, Hanson J, et al, 2005. Environmental, nergetic, and economic comparisons of organic and conventional farming systems [J]. BioScience, 55 (7): 573 – 582.

Pittman R W, 1979. The costs of water pollution control to the Wisconsin paper industry: the estimation of a production frontier [D]. Wisconsin: University of Wisconsin-Madison.

Qin H U, Junying W E I, 2018. Research on Agricultural Subsidy Policy Adjustment under the Guidance of Green Development [J]. Asian Agricultural Research, 10 (4): 67 – 69.

Rongjia L I U, Bing Y E, Di ZHANG, 2017. Thoughts on Development of Green Agriculture and Green Economy—Based on the Survey of Farms in Qinhuangdao [J]. Asian Agricultural Research, 9 (11): 1 – 4.

Solow, Robert M, 1957. Technical Change and the Aggregate production Function [J]. The Review of Economics and Statistics, 39 (3): 312 – 320.

Tone K, 2001. A slacks-based measure of efficiency in data envelopment analysis [J]. European Journal of Operational Research, 130 (3): 498 - 509.

Wawan Rusiawan, Prijono T, Emirhadi Suganda, et al, 2015. Assessment of Green Total Factor Productivity Impact on Sustainable Indonesia Productivity Growth [J]. Procedia Environmental Sciences, 28.

World Commission on Environment and Development (WCED), 1987. The Brundtland Eport, Our Common Future [R]. Oxford: Oxford University Press.

ZHOU Q, LI C G, 2004. Research on the distribution of green agriculture in China [J]. Human Geography, 19 (1): 41 - 46.

附件：北京农业绿色发展相关文件

中共中央办公厅 国务院办公厅印发
《关于创新体制机制 推进农业绿色发展的意见》的通知

中办发〔2017〕56号

推进农业绿色发展，是贯彻新发展理念、推进农业供给侧结构性改革的必然要求，是加快农业现代化、促进农业可持续发展的重大举措，是守住绿水青山、建设美丽中国的时代担当，对保障国家食物安全、资源安全和生态安全，维系当代人福祉和保障子孙后代永续发展具有重大意义。党的十八大以来，党中央、国务院作出一系列重大决策部署，农业绿色发展实现了良好开局。但总体上看，农业主要依靠资源消耗的粗放经营方式没有根本改变，农业面源污染和生态退化的趋势尚未有效遏制，绿色优质农产品和生态产品供给还不能满足人民群众日益增长的需求，农业支撑保障制度体系有待进一步健全。为创新体制机制，推进农业绿色发展，现提出如下意见。

一、总体要求

（一）指导思想

全面贯彻党的十八大和十八届三中、四中、五中、六中全会精神，深入贯彻习近平总书记系列重要讲话精神和治国理政新理念新思想新战略，紧紧围绕统筹推进"五位一体"总体布局和协调推进"四个全面"战略布局，牢固树立和贯彻落实新发展理念，认真落实党中央、国务院决策部署，以绿水青山就是金山银山理念为指引，以资源环境承载力为基准，以推进农业供给侧结构性改革为主线，尊重农业发展规律，强化改革创新、激励约束和政府监管，转变农业发展方式，优化空间布局，节约利用资源，保护产地环境，提升生态服务功能，全力构建人与自然和谐共生的农业发展新格局，推动形成绿色生产方式和生活方式，实现农业强、农民富、农村美，为建设美丽中国、增进民生福祉、实现经济社会可持续发展提供坚实支撑。

（二）基本原则

——坚持以空间优化、资源节约、环境友好、生态稳定为基本路径。牢固树立节约集约循环利用的资源观，把保护生态环境放在优先位置，落实构建生态功能保障基线、环境质量安全底线、自然资源利用上线的要求，防止将农业生产与生态建设对立，把绿色发展导向贯穿农业发展全过程。

——坚持以粮食安全、绿色供给、农民增收为基本任务。突出保供给、保收入、保生态的协调统一，保障国家粮食安全，增加绿色优质农产品供给，构建绿色发展产业链价值链，提升质量效益和竞争力，变绿色为效益，促进农民增收，助力脱贫攻坚。

——坚持以制度创新、政策创新、科技创新为基本动力。全面深化改革，构建以资源管控、环境监控和产业准入负面清单为主要内容的农业绿色发展制度体系，科学适度有序的农业空间布局体系，绿色循环发展的农业产业体系，以绿色生态为导向的政策支持体系和科技创新推广体系，全面激活农业绿色发展的内生动力。

——坚持以农民主体、市场主导、政府依法监管为基本遵循。既要明确生产经营者主体责任，又要通过市场引导和政府支持，调动广大农民参与绿色发展的积极性，推动实现资源有偿使用、环境保护有责、生态功能改善激励、产品优质优价。加大政府支持和执法监管力度，形成保护有奖、违法必究的明确导向。

（三）目标任务

把农业绿色发展摆在生态文明建设全局的突出位置，全面建立以绿色生态为导向的制度体系，基本形成与资源环境承载力相匹配、与生产生活生态相协调的农业发展格局，努力实现耕地数量不减少、耕地质量不降低、地下水不超采，化肥、农药使用量零增长，秸秆、畜禽粪污、农膜全利用，实现农业可持续发展、农民生活更加富裕、乡村更加美丽宜居。

资源利用更加节约高效。到 2020 年，严守 18.65 亿亩耕地红线，全国耕地质量平均比 2015 年提高 0.5 个等级，农田灌溉水有效利用系数提高到 0.55 以上。到 2030 年，全国耕地质量水平和农业用水效率进一步提高。

产地环境更加清洁。到 2020 年，主要农作物化肥、农药使用量实现零增长，化肥、农药利用率达到 40％；秸秆综合利用率达到 85％，养殖废弃物综合利用率达到 75％，农膜回收率达到 80％。到 2030 年，化肥、农药利用率进一步提升，农业废弃物全面实现资源化利用。

生态系统更加稳定。到 2020 年，全国森林覆盖率达到 23％以上，湿地面积不低于 8 亿亩，基本农田林网控制率达到 95％，草原综合植被盖度达到 56％。到 2030 年，田园、草原、森林、湿地、水域生态系统进一步改善。

绿色供给能力明显提升。到 2020 年，全国粮食（谷物）综合生产能力稳定在 5.5 亿吨以上，农产品质量安全水平和品牌农产品占比明显提升，休闲农业和乡村旅游加快发展。到 2030 年，农产品供给更加优质安全，农业生态服务能力进一步提高。

二、优化农业主体功能与空间布局

（一）落实农业功能区制度

大力实施国家主体功能区战略，依托全国农业可持续发展规划和优势农产品区域布局规划，立足水土资源匹配性，将农业发展区域细划为优化发展区、适度发展区、保护发展区，明确区域发展重点。加快划定粮食生产功能区、重要农产品生产保护区，认定特色农产品优势区，明确区域生产功能。

（二）建立农业生产力布局制度

围绕解决空间布局上资源错配和供给错位的结构性矛盾，努力建立反映市场供求与资源稀缺程度的农业生产力布局，鼓励因地制宜、就地生产、就近供应，建立主要农产品生产布局定期监测和动态调整机制。在优化发展区更好发挥资源优势，提升重要农产品生产能力；在适度发展区加快调整农业结构，限制资源消耗大的产业规模；在保护发展区坚持保护优先、限制开发，加大生态建设力度，实现保供给与保生态有机统一。完善粮食主产区利益补偿机制，健全粮食产销协作机制，推动粮食产销横向利益补偿。鼓励地方积极开展试验示范、农垦率先示范，提高军地农业绿色发展水平。推进国家农业可持续发展试验示范区创建，同时成为农业绿色发展的试点先行区。

（三）完善农业资源环境管控制度

强化耕地、草原、渔业水域、湿地等用途管控，严控围湖造田、滥垦滥占草原等不合理开发建设活动对资源环境的破坏。坚持最严格的耕地保护制度，全面落实永久基本农田特殊保护政策措施。以县为单位，针对农业资源与生态环境突出问题，建立农业产业准入负面清单制度，因地制宜制定禁止和限制发展产业目录，明确种植业、养殖业发展方向和开发强度，强化准入管理和底线约束，分类推进重点地区资源保护和严重污染地区治理。

（四）建立农业绿色循环低碳生产制度

在华北、西北等地下水过度利用区适度压减高耗水作物，在东北地区严格控制旱改水，选育推广节肥、节水、抗病新品种。以土地消纳粪污能力确定养殖规模，引导畜牧业生产向环境容量大的地区转移，科学合理划定禁养区，适度调减南方水网地区养殖总量。禁养区划定减少的畜禽规模养殖用地，可在适宜养殖区域按有关规定及时予以安排，并强化服务。实施动物疫病净化计划，推动动物疫病防控从有效控制到逐步净化消灭转变。推行水产健康养殖制度，合理确定湖泊、水库、滩涂、近岸海域等养殖规模和养殖密度，逐步减少河流湖库、近岸海域投饵网箱养殖，防控水产养殖污染。建立低碳、低耗、循环、高效的加工流通体系。探索区域农业循环利用机制，实施粮经饲统筹、种养加结合、农林牧渔融合循环发展。

（五）建立贫困地区农业绿色开发机制

立足贫困地区资源禀赋，坚持保护环境优先，因地制宜选择有资源优势的特色产业，推进产业精准扶贫。把贫困地区生态环境优势转化为经济优势，推行绿色生产方式，大力发展绿色、有机和地理标志优质特色农产品，支持创建区域品牌；推进一二三产融合发展，发挥生态资源优势，发展休闲农业和乡村旅游，带动贫困农户脱贫致富。

三、强化资源保护与节约利用

（一）建立耕地轮作休耕制度

推动用地与养地相结合，集成推广绿色生产、综合治理的技术模式，在确保国家粮食安全和农民收入稳定增长的前提下，对土壤污染严重、区域生态功能退化、可利用水资源匮乏等不宜连续耕作的农田实行轮作休耕。降低耕地利用强度，落实东北黑土地保护制度，管控西北内陆、沿海滩涂等区域开垦耕地行为。全面建立耕地质量监测和等级评价制度，明确经营者耕地保护主体责任。实施土地整治，推进高标准农田建设。

（二）建立节约高效的农业用水制度

推行农业灌溉用水总量控制和定额管理。强化农业取水许可管理，严格控制地下水利用，加大地下水超采治理力度。全面推进农业水价综合改革，按照总体不增加农民负担的原则，加快建立合理农业水价形成机制和节水激励机制，切实保护农民合理用水权益，提高农民有偿用水意识和节水积极性。突出农艺节水和工程节水措施，推广水肥一体化及喷灌、微灌、管道输水灌溉等农业节水技术，健全基层节水农业技术推广服务体系。充分利用天然降水，积极有序发展雨养农业。

（三）健全农业生物资源保护与利用体系

加强动植物种质资源保护利用，加快国家种质资源库、畜禽水产基因库和资源保护场（区、圃）规划建设，推进种质资源收集保存、鉴定和育种，全面普查农作物种质资源。加强野生动植物自然保护区建设，推进濒危野生植物资源原生境保护、移植保存和人工繁育。实施生物多样性保护重大工程，开展濒危野生动植物物种调

查和专项救护，实施珍稀濒危水生生物保护行动计划和长江珍稀特
有水生生物拯救工程。加强海洋渔业资源调查研究能力建设。完善
外来物种风险监测评估与防控机制，建设生物天敌繁育基地和关键
区域生物入侵阻隔带，扩大生物替代防治示范技术试点规模。

四、加强产地环境保护与治理

（一）建立工业和城镇污染向农业转移防控机制

制定农田污染控制标准，建立监测体系，严格工业和城镇污染
物处理和达标排放，依法禁止未经处理达标的工业和城镇污染物进
入农田、养殖水域等农业区域。强化经常性执法监管制度建设。出
台耕地土壤污染治理及效果评价标准，开展污染耕地分类治理。

（二）健全农业投入品减量使用制度

继续实施化肥农药使用量零增长行动，推广有机肥替代化肥、
测土配方施肥，强化病虫害统防统治和全程绿色防控。完善农药风
险评估技术标准体系，加快实施高剧毒农药替代计划。规范限量使
用饲料添加剂，减量使用兽用抗菌药物。建立农业投入品电子追溯
制度，严格农业投入品生产和使用管理，支持低消耗、低残留、低
污染农业投入品生产。

（三）完善秸秆和畜禽粪污等资源化利用制度

严格依法落实秸秆禁烧制度，整县推进秸秆全量化综合利用，
优先开展就地还田。推进秸秆发电并网运行和全额保障性收购，开
展秸秆高值化、产业化利用，落实好沼气、秸秆等可再生能源电价
政策。开展尾菜、农产品加工副产物资源化利用。以沼气和生物天
然气为主要处理方向，以农用有机肥和农村能源为主要利用方向，
强化畜禽粪污资源化利用，依法落实规模养殖环境评价准入制度，
明确地方政府属地责任和规模养殖场主体责任。依据土地利用规
划，积极保障秸秆和畜禽粪污资源化利用用地。健全病死畜禽无害
化处理体系，引导病死畜禽集中处理。

（四）完善废旧地膜和包装废弃物等回收处理制度

加快出台新的地膜标准，依法强制生产、销售和使用符合标准

的加厚地膜，以县为单位开展地膜使用全回收、消除土壤残留等试验试点。建立农药包装废弃物等回收和集中处理体系，落实使用者妥善收集、生产者和经营者回收处理的责任。

五、养护修复农业生态系统

（一）构建田园生态系统

遵循生态系统整体性、生物多样性规律，合理确定种养规模，建设完善生物缓冲带、防护林网、灌溉渠系等田间基础设施，恢复田间生物群落和生态链，实现农田生态循环和稳定。优化乡村种植、养殖、居住等功能布局，拓展农业多种功能，打造种养结合、生态循环、环境优美的田园生态系统。

（二）创新草原保护制度

健全草原产权制度，规范草原经营权流转，探索建立全民所有草原资源有偿使用和分级行使所有权制度。落实草原生态保护补助奖励政策，严格实施草原禁牧休牧轮牧和草畜平衡制度，防止超载过牧。加强严重退化、沙化草原治理。完善草原监管制度，加强草原监理体系建设，强化草原征占用审核审批管理，落实土地用途管制制度。

（三）健全水生生态保护修复制度

科学划定江河湖海限捕、禁捕区域，健全海洋伏季休渔和长江、黄河、珠江等重点河流禁渔期制度，率先在长江流域水生生物保护区实现全面禁捕，严厉打击"绝户网"等非法捕捞行为。实施海洋渔业资源总量管理制度，完善渔船管理制度，建立幼鱼资源保护机制，开展捕捞限额试点，推进海洋牧场建设。完善水生生物增殖放流，加强水生生物资源养护。因地制宜实施河湖水系自然连通，确定河道砂石禁采区、禁采期。

（四）实行林业和湿地养护制度

建设覆盖全面、布局合理、结构优化的农田防护林和村镇绿化林带。严格实施湿地分级管理制度，严格保护国际重要湿地、国家重要湿地、国家级湿地自然保护区和国家湿地公园等重要湿地。开展退化湿地恢复和修复，严格控制开发利用和围垦强度。加快构建退耕还林还草、退耕还湿、防沙治沙，以及石漠化、水土流失综合生态治理长效机制。

六、健全创新驱动与约束激励机制

（一）构建支撑农业绿色发展的科技创新体系

完善科研单位、高校、企业等各类创新主体协同攻关机制，开展以农业绿色生产为重点的科技联合攻关。在农业投入品减量高效利用、种业主要作物联合攻关、有害生物绿色防控、废弃物资源化利用、产地环境修复和农产品绿色加工贮藏等领域尽快取得一批突破性科研成果。完善农业绿色科技创新成果评价和转化机制，探索建立农业技术环境风险评估体系，加快成熟适用绿色技术、绿色品种的示范、推广和应用。借鉴国际农业绿色发展经验，加强国际间科技和成果交流合作。

（二）完善农业生态补贴制度

建立与耕地地力提升和责任落实相挂钩的耕地地力保护补贴机制。改革完善农产品价格形成机制，深化棉花目标价格补贴，统筹玉米和大豆生产者补贴，坚持补贴向优势区倾斜，减少或退出非优势区补贴。改革渔业补贴政策，支持捕捞渔民减船转产、海洋牧场建设、增殖放流等资源养护措施。完善耕地、草原、森林、湿地、水生生物等生态补偿政策，继续支持退耕还林还草。有效利用绿色金融激励机制，探索绿色金融服务农业绿色发展的有效方式，加大绿色信贷及专业化担保支持力度，创新绿色生态农业保险产品。加大政府和社会资本合作（PPP）在农业绿色发展领域的推广应用，引导社会资本投向农业资源节约、废弃物资源化利用、动物疫病净化和生态保护修复等领域。

（三）建立绿色农业标准体系

清理、废止与农业绿色发展不适应的标准和行业规范。制定修订农兽药残留、畜禽屠宰、饲料卫生安全、冷链物流、畜禽粪污资源化利用、水产养殖尾水排放等国家标准和行业标准。强化农产品质量安全认证机构监管和认证过程管控。改革无公害农产品认证制度，加快建立统一的绿色农产品市场准入标准，提升绿色食品、有机农产品和地理标志农产品等认证的公信力和权威性。实施农业绿色品牌战略，培育具有区域优势特色和国际竞争力的农产品区域公用品牌、企业品牌和产品品牌。加强农产品质量安全全程监管，健全与市场准入相衔接的食用农产品合格证制度，依托现有资源建立国家农产品质量安全追溯管理平台，加快农产品质量安全追溯体系建设。积极参与国际标准的制定修订，推进农产品认证结果互认。

（四）完善绿色农业法律法规体系

研究制定修订体现农业绿色发展需求的法律法规，完善耕地保护、农业污染防治、农业生态保护、农业投入品管理等方面的法律制度。开展农业节约用水立法研究工作。加大执法和监督力度，依法打击破坏农业资源环境的违法行为。健全重大环境事件和污染事故责任追究制度及损害赔偿制度，提高违法成本和惩罚标准。

（五）建立农业资源环境生态监测预警体系

建立耕地、草原、渔业水域、生物资源、产地环境以及农产品生产、市场、消费信息监测体系，加强基础设施建设，统一标准方法，实时监测报告，科学分析评价，及时发布预警。定期监测农业资源环境承载能力，建立重要农业资源台账制度，构建充分体现资源稀缺和损耗程度的生产成本核算机制，研究农业生态价值统计方法。充分利用农业信息技术，构建天空地数字农业管理系统。

（六）健全农业人才培养机制

把节约利用农业资源、保护产地环境、提升生态服务功能等内容纳入农业人才培养范畴，培养一批具有绿色发展理念、掌握绿色生产技术技能的农业人才和新型职业农民。积极培育新型农业经营主体，鼓励其率先开展绿色生产。健全生态管护员制度，在生态环境脆弱地区因地制宜增加护林员、草管员等公益岗位。

七、保障措施

（一）落实领导责任

地方各级党委和政府要加强组织领导，把农业绿色发展纳入领导干部任期生态文明建设责任制内容。农业部要发挥好牵头协调作用，会同有关部门按照本意见的要求，抓紧研究制定具体实施方案，明确目标任务、职责分工和具体要求，建立农业绿色发展推进机制，确保各项政策措施落到实处，重要情况要及时向党中央、国务院报告。

（二）实施农业绿色发展全民行动

在生产领域，推行畜禽粪污资源化利用、有机肥替代化肥、秸秆综合利用、农膜回收、水生生物保护，以及投入品绿色生产、加工流通绿色循环、营销包装低耗低碳等绿色生产方式。在消费领域，从国民教育、新闻宣传、科学普及、思想文化等方面入手，持续开展"光盘行动"，推动形成厉行节约、反对浪费、抵制奢侈、低碳循环等绿色生活方式。

（三）建立考核奖惩制度

依据绿色发展指标体系，完善农业绿色发展评价指标，适时开展部门联合督查。结合生态文明建设目标评价考核工作，对农业绿色发展情况进行评价和考核。建立奖惩机制，对农业绿色发展中取得显著成绩的单位和个人，按照有关规定给予表彰，对落实不力的进行问责。

中共中央办公厅　国务院办公厅
2017 年 9 月 30 日

关于印发《"十四五"全国农业绿色发展规划》的通知

农规发〔2021〕8 号

各省、自治区、直辖市农业农村（农牧）、畜牧兽医、渔业厅（局、委），发展改革委，科技厅（局、委），自然资源主管部门，生态环境厅（局），林业和草原主管部门，新疆生产建设兵团农业农村局、发展改革委、科技局、自然资源局、生态环境局、林业和草原局：

为贯彻落实党中央、国务院推进农业绿色发展决策部署，加快农业全面绿色转型，持续改善农村生态环境，农业农村部、国家发展改革委、科技部、自然资源部、生态环境部、国家林草局制定了《"十四五"全国农业绿色发展规划》（以下简称《规划》），现印发你们，请结合实际认真贯彻执行。

推进农业绿色发展是一项系统工程、一项艰巨任务，需要加强协调、密切配合，共同推进《规划》任务落实。要目标同向，聚焦农业绿色发展重点任务，列出清单，细化措施，逐项落实。资源同聚，资金、人才、技术等资源要素要向农业绿色发展的重点领域和重点区域聚集，发挥集合效应，提升农业发展质量。力量同汇，创新推进机制，形成政府引导、市场主导、社会参与的格局。

农业农村部　国家发展改革委　科技部
自然资源部　生态环境部　国家林草局
2021 年 8 月 23 日

"十四五"全国农业绿色发展规划

推进农业绿色发展是农业发展观的一场深刻革命。党的十八大以来，党中央高度重视生态文明建设，农业绿色发展取得积极进展。但农业面源污染和生态环境治理还处在治存量、遏增量的关口，还需加力推进农业绿色发展。为贯彻落实党中央、国务院决策部署，依据《中华人民共和国国民经济和社会发展第十四个五年规划和2035年远景目标纲要》及"十四五"推进农业农村现代化有关要求，特编制本规划。

第一章 规划背景

"十四五"时期是开启全面建设社会主义现代化国家新征程、向第二个百年奋斗目标进军的第一个五年，是促进经济社会发展全面绿色转型、建设人与自然和谐共生现代化的关键时期，农业发展进入加快推进绿色转型的新阶段。

第一节 重要意义

绿色是农业的底色，良好生态环境是最普惠的民生福祉、农村最大优势和宝贵财富，加快推进农业绿色发展意义重大。

贯彻落实习近平生态文明思想的具体体现。农业绿色发展是生态文明建设的重要组成部分。必须加快贯彻新发展理念，构建节约资源、保护环境的空间格局、产业结构、生产方式、生活方式，推动农业发展与资源环境承载力相匹配、与生产生活生态相协调，为建设生态文明、实现碳达峰碳中和、促进人与自然和谐共生创造良好条件。

满足人民美好生活期盼的迫切要求。人民对美好生活的向往，就是我们的奋斗目标。随着我国经济社会加快发展，人们对绿色优质农产品的消费需求日益增长，对美丽田园风光更加向往。必须深化农业供给侧结构性改革，坚持质量兴农、绿色兴农，加快推进农业由增产导向转向提质导向，更好地满足城乡居民多层次、个性化的消费需求。

全面推进乡村振兴的必然选择。乡村振兴，生态宜居是关键。要推行绿色发展方式和生活方式，加快建立绿色低碳循环农业产业体系，加强农业面源污染治理，推进农业农村减排固碳，改善农村生态环境，让良好生态成为乡村振兴的支撑点，让绿水青山成为农业农村发展的优势和骄傲，为守住绿水青山、建设美丽中国提供重要支撑。

第二节　发展基础

"十三五"以来，农业发展方式加快转变，资源节约型、环境友好型农业加快发展，农业绿色发展取得明显进展。

农业资源保护利用得到加强。耕地保护制度逐步健全，耕地质量稳步提升。农业用水总量得到有效控制，水资源利用效率不断提高，农田灌溉水有效利用系数达到 0.559。

农业面源污染防治成效明显。化肥农药持续减量，连续 4 年实现负增长。农业废弃物资源化利用水平稳步提高，产地环境明显改善。

农产品质量安全水平稳步提高。标准化清洁化生产逐步推行，食用农产品达标合格证制度加快实施，绿色食品、有机农产品和地理标志农产品供给明显增加。

农业绿色发展支撑体系逐步建立。以绿色生态为导向的农业补贴制度不断完善，绿色发展科技创新集成逐步深入，先行先试综合试验平台初步搭建，农业绿色发展正在从试验试点转向面上推进。

第三节　面临挑战

我国农业绿色发展仍处于起步阶段，还面临不少困难和挑战。

贯彻绿色发展理念还不深入。对生态优先、绿色发展的重要性认识不足，发展农业生产与保护生态环境对立的问题仍然存在，农业生产还没有从单纯追求产量真正转向数量质量并重上来。

农业生产方式仍然较粗放。农业主要依靠资源消耗的粗放经营方式仍未根本改变，耕地用养结合还不充分，土壤退化和污染问题仍然突出，绿色技术集成创新不够。

绿色优质农产品供给还不足。农产品多而不优，品牌杂而不亮，绿色标准体系还不健全，全产业链绿色转型任务繁重，还不适应消费结构升级的需要。

绿色发展激励约束机制尚未健全。绿色生态的政策激励机制还不完善，与农业绿色发展相适应的法律法规和监督考核机制还不健全，生态产品价值实现机制尚未形成。

第四节　发展机遇

展望"十四五"，生态优先、绿色发展将成为全党全社会的共识，绿色生产生活方式加快形成，美丽中国建设扎实推进，为农业绿色发展带来难得机遇。

政策环境不断优化。"三农"工作重心转向全面推进乡村振兴、加快农业农村现代化，更多资源要素向农村生态文明建设聚集，碳达峰、碳中和纳入生态文明建设整体布局，以绿色为导向的农业支持保障体系更加健全，将为推进农业绿色发展提供有力支撑。

市场空间不断拓展。国内超大规模市场优势逐步显现，优质优价的市场机制更加健全，绿色优质农产品消费需求不断扩大，绿色生态建设投资带动效应不断释放，将为推进农业绿色发展提供广阔的市场空间。

科技革命不断演进。以生物技术和信息技术为特征的新一轮农业科技革命深入发展，农业绿色发展的核心关键技术有望逐步破解，不同区域、不同类型绿色发展技术模式集成推广，将为推进农业绿色发展提供强大的动力。

主体带动不断强化。绿色生产技术在家庭农场、农民合作社等新型经营主体广泛应用，面向小农户的专业化社会化服务加快发展，绿色品种、技术、装备和投入品逐步走进千家万户，将为推进农业绿色发展创造有利条件。

综上所述，"十四五"时期是加快推进农业绿色发展的重要战略机遇期，必须抓住机遇、创新思路、完善政策、强化支撑，以坚定的决心、务实的举措，推动农业绿色发展取得新的更大突破。

第二章　总体要求

对标基本实现美丽中国建设目标，落实中央碳达峰、碳中和重大战略决策，科学谋划农业绿色发展目标任务，加快农业全面绿色转型升级。

第一节　指导思想

以习近平新时代中国特色社会主义思想为指导，全面贯彻落实党的十九大和十九届二中、三中、四中、五中全会精神，立足新发展阶段、贯彻新发展理念、构建新发展格局，牢固树立和践行"绿水青山就是金山银山"理念，坚持节约资源和保护环境的基本国策，以高质量发展为主题，以深化农业供给侧结构性改革为主线，以构建绿色低碳循环发展的农业产业体系为重点，强化科技集成创新，健全激励约束机制，完善监督管理制度，搭建先行先试平台，推进农业资源利用集约化、投入品减量化、废弃物资源化、产业模式生态化，构建人与自然和谐共生的农业发展新格局，为全面推进乡村振兴、加快农业农村现代化提供坚实支撑。

第二节　基本原则

——坚持底线思维、保护为先。落实构建生态功能保障基线、环境质量安全底线、自然资源利用上线的要求，坚持节约优先、保护优先、自然恢复为主，守住农业生态安全边界。

——坚持政府引导、市场主导。发挥政府作用，强化政策扶持。更好发挥市场作用，落实生产经营者主体责任，建立健全"保护者受益、使用者付费、破坏者赔偿"的利益导向机制，引导农民、企业和社会力量参与农业绿色发展。

——坚持创新驱动、依法治理。强化科技创新在农业绿色发展中的重要支撑作用，加大制度供给，依法保护资源、治理环境，构建创新驱动与法治保障相得益彰的农业绿色发展支撑体系。

——坚持系统观念、统筹推进。实施山水林田湖草沙系统治理，正确处理农业绿色发展和资源安全、粮食安全、农民增收的关系，实现保供给、保收入、保生态的协调统一。

第三节　发展目标

到 2025 年，农业绿色发展全面推进，制度体系和工作机制基本健全，科技支撑和政策保障更加有力，农村生产生活方式绿色转型取得明显进展。

——资源利用水平明显提高。耕地、水等农业资源得到有效保护、利用效率显著提高，退化耕地治理取得明显进展，以资源环境承载力为基准的农业生产制度初步建立。

——产地环境质量明显好转。化肥、农药使用量持续减少，农业废弃物资源化利用水平明显提高，农业面源污染得到有效遏制。

——农业生态系统明显改善。耕地生态得到恢复，生物多样性得到有效保护，农田生态系统更加稳定，森林、草原、湿地等生态功能不断增强。

——绿色产品供给明显增加。农业标准化清洁化生产加快推行，农产品质量安全水平和品牌农产品占比明显提升，农业生态服务功能大幅提高。

——减排固碳能力明显增强。主要农产品温室气体排放强度大幅降低，农业减排固碳和应对气候变化能力不断增强，农业用能效率有效提升。

到 2035 年，农业绿色发展取得显著成效，农村生态环境根本好转，绿色生产生活方式广泛形成，农业生产与资源环境承载力基本匹配，生产生活生态相协调的农业发展格局基本建立，美丽宜人、业兴人和的社会主义新乡村基本建成。

第三章　加强农业资源保护利用 提升可持续发展能力

节约资源是保护生态环境的根本之策。树立节约集约循环利用的资源观，推动资源利用方式根本转变，加强全过程节约管理，降低农业资源利用强度，促进农业资源永续利用。

第一节　加强耕地保护与质量建设

严守 18 亿亩耕地红线。落实最严格的耕地保护制度，牢牢守住耕地红线和永久基本农田保护面积，实施质量优先的耕地结构性保护。严禁违规占用耕地造林绿化、挖湖造景、挖塘养鱼，严格控制非农建设占用耕地，坚决遏制耕地"非农化"、防止"非粮化"。巩固永久基本农田划定成果，建立健全永久基本农田特殊保护制度。加强和改进耕地占补平衡管理，严格控制新增建设占用耕地，严格新增耕地核实认定和监管，杜绝占优补劣、占水田补旱地，对新增建设用地确需占用稳定耕地的，按数量、质量、生态"三位一体"的要求实现占补平衡，保证耕地面积不减少。管控西北内陆、沿海滩涂等区域开垦耕地行为，禁止毁林毁草开垦耕地。

加强耕地质量建设。实施新一轮高标准农田建设规划，开展土地平整、土壤改良、灌溉排水等工程建设，配套建设实用易行的计量设施，到 2025 年累计建成高标准农田 10.75 亿亩，并结合实际加快改造提升已建高标准农田。实施耕地保护与质量提升行动计划，开展秸秆还田，增施有机肥，种植绿肥还田，增加土壤有机质，提升土壤肥力。建立健全国家耕地质量监测网络，科学布局监测站点。开展耕地质量调查评价。

加强东北黑土地保护。实施国家黑土地保护工程，推进工程措施和农艺措施相结合，有效遏制黑土地"变薄、变瘦、变硬"退化趋势。推进土壤侵蚀防治，治理坡耕地防治土壤水蚀，建设农田防护体系防治土壤风蚀，治理侵蚀沟修复保护耕地。建设完善农田基础设施，完善农田灌排体系，加强田块整治，建设田间道路。培育肥沃耕作层，实行保护性耕作，增施有机肥，推行种养结合、粮豆轮作。开展耕地质量监测评价，实施长期定位监测和遥感监测，开展实施效果评价。到 2025 年实施黑土地保护利用面积 1 亿亩。实施黑土地保护性耕作行动计划，推广秸秆覆盖还田免（少）耕播种技术，有效减轻土壤风蚀水蚀，防治农田扬尘和秸秆焚烧，增加土壤肥力和保墒抗旱能力，2025 年实施面积达到 1.4 亿亩。

加强退化耕地治理。坚持分类分区治理，集成推广土壤改良、地力培肥、治理修复等技术，有序推进退化耕地治理。在长江中下游、西南地区、华南地区等南方粮食主产区集成推广施用土壤调理剂、绿肥还田等技术模式，逐步实现酸化耕地降酸改良。在西北灌溉区、滨海灌溉区和松嫩平原西部等盐碱集中地区集成示范施用土壤调理剂、耕作压盐等技术模式，逐步实现盐碱耕地压盐改良。"十四五"期间累计治理酸化、盐碱化耕地 1 400 万亩。

第二节 提高农业用水效率

顺天发展旱作农业。我国水资源时空分布不均匀，旱作农业是重要农业生产方式。发展雨养农业，在华北和东北西部地区，充分利用天然降水，做到雨热同季，减少灌溉用水。发展集雨补灌农业，在西北干旱缺水地区，因地制宜建设集雨补灌设施，推广全膜双垄沟播集雨种植技术，提高天然降水利用率。发展聚水保土农业，在西北和内蒙古中西部风蚀沙化严重地区，推广生物篱柔性防风、带状留茬间作和田间集雨节水技术，降低水土流失。推进农牧结合，在华北北部、西北等农牧交错区推行种养循环、农牧结合，建设人工饲草料基地，发展草食畜牧业。

集成推广节水技术。推进农艺节水，推广水肥一体及喷灌、滴灌等农业节水技术，提高水资源利用效率。推进品种节水，以华北、西北等缺水地区为重点，选育推广一批节水抗旱的小麦、玉米品种，增强抗旱保产能力。推进工程节水，以粮食主产区、严重缺水区和生态脆弱地区为重点，加强渠道防渗、低压管道输水灌溉、喷灌、微灌等节水设施建设，"十四五"期间新增高效节水灌溉面积 6 000 万亩。推进重点区域农业节水，在华北、西北等地下水超采区，禁止农业新增取用地下水，适度退减灌溉面积。调整农作物种植结构，适度调减高耗水作物，推动水资源超载和临界超载地区农业结构调整。禁止开采深层地下水用于农业灌溉。推动东北寒地井灌稻地区地表水、界河水替代地下水。

加强农业用水管理。强化水资源刚性约束，坚持以水定地、量水而行。落实最严格水资源管理制度，严格灌溉取水计划管理，实施用水总量控制和定额管理，明确区域农业用水总量指标。加快大中型灌区续建配套和现代化改造，同步建设用水计量设施。加强农户用水管理，完善主要农作物灌溉用水定额，指导科学灌溉，提高农民节水意识。强化农业取水许可管理，严格控制地下水利用。推进农田水利设施产权制度改革，明确工程产权和管护主体，建立长效管护机制。

第三节　保护农业生物资源

加强农业物种资源保护。完成第三次全国农作物种质资源、畜禽遗传资源普查和第一次水产养殖种质资源普查，抢救性收集一批珍稀、濒危、特有资源和地方品种。加强国家农作物、畜禽、淡水渔业、海洋渔业、微生物和草业种质资源库建设，建设一批种质资源库（场、区、圃），完善资源保存、鉴定、共享等基础设施。加强农业野生植物保护，对现有野生植物原生境保护区（点）进行梳理调整和归类。

加强水生生物资源保护。在重点水域持续开展水生生物增殖放流，加强苗种供应基地建设，适当增加珍稀濒危物种放流数量。推进河流鱼类洄游生物通道建设。严格执行重点河流禁渔期制度，开展"中国渔政亮剑"系列专项执法行动。实施珍稀濒危水生生物拯救行动计划，开展重点物种关键栖息地修复和就地迁地保护。严格执行海洋伏季休渔制度，全面开展限额捕捞试点，推进实施海洋渔业资源总量管理。推进海洋牧场建设，创建国家级海洋牧场示范区。

加强外来入侵物种防控。开展外来入侵物种普查和监测预警，在边境地区和主要入境口岸、粮食主产区、自然保护地、大型交通主干道等重点区域，布设外来物种入侵监测站（点）。实行外来物种分级分类管理，依法严格外来物种引种审批，强化物种引入后管控。加强外来入侵物种阻截防控，在关键区域布设阻截带，遏制草地贪夜蛾、松材线虫病等重大危害入侵物种扩散蔓延。加大综合治理力度，建设生物天敌繁育基地，加强生物防治和生物替代，开展集中应急灭除。

第四章　加强农业面源污染防治　提升产地环境保护水平

牢固树立保护环境就是保护生产力、改善环境就是发展生产力的理念，加快推行绿色生产方式，科学使用农业投入品，循环利用农业废弃物，有效遏制农业面源污染。

第一节 推进化肥农药减量增效

推进化肥减量增效。技术集成驱动，以化肥减量增效为重点，集成推广科学施肥技术。在粮食主产区、园艺作物优势产区和设施蔬菜集中产区，推广机械施肥、种肥同播等措施，示范推广缓释肥、水溶肥等新型肥料，改进施肥方式。有机肥替代推动，以果菜茶优势区为重点推动粪肥还田利用，减少化肥用量，增加优质绿色产品供给。引导地方加大投入，在更大范围推进有机肥替代化肥。新型经营主体带动，培育扶持一批专业化服务组织，开展肥料统配统施社会化服务。鼓励农企合作推进测土配方施肥。

推进农药减量增效。推行统防统治，扶持一批病虫防治专业化服务组织，开展统防统治，带动群防群治，提高防治效果。推行绿色防控，在园艺作物重点区域，集成推广生物防治、物理防治等绿色防控技术，引导创建绿色生产基地，培育绿色品牌，带动更大范围绿色防控技术推广。推广新型高效植保机械，支持创制推广喷杆喷雾机、植保无人机等先进的高效植保机械，提高农药利用率。推进科学用药，开展农药使用安全风险评估，推广应用高效低毒低残留新型农药，逐步淘汰高毒、高风险农药。构建农作物病虫害监测预警体系，建设一批智能化、自动化田间监测网点，提高重大病虫疫情监测预警水平。

第二节 促进畜禽粪污和秸秆资源化利用

推进养殖废弃物资源化利用。健全畜禽养殖废弃物资源化利用制度，严格落实畜禽养殖污染防治要求，完善绩效评价考核制度和畜禽养殖污染监管制度，加快构建畜禽粪污资源化利用市场化机制，促进种养结合，推动畜禽粪污处理设施可持续运行。加强畜禽粪污资源化利用能力建设。建立畜禽粪污收集、处理、利用信息化管理系统，持续开展畜禽粪污资源化利用整县推进，建设粪肥还田利用种养结合基地，培育发展畜禽粪污能源化利用产业。推进绿色种养循环，探索建立粪肥运输、使用激励机制，培育粪肥还田社会化服务组织，推行畜禽粪肥低成本、机械化、就地就近还田。减少养殖污染排放，"十四五"期间京津冀及周边地区大型规模化养殖场氨排放总量削减 5％，推进水产健康养殖，减少养殖尾水排放。鼓励因地制宜制定地方水产养殖尾水排放标准。

推进秸秆综合利用。促进秸秆肥料化，集成推广秸秆还田技术，改造提升秸秆机械化还田装备。在东北平原、华北平原、长江中下游地区等粮食主产区，系统性推进秸秆粉碎还田。促进秸秆饲料化，鼓励养殖场和饲料企业利用秸秆发展优质饲料，将畜禽粪污无害化处理后还田，实现过腹还田、变废为宝。促进秸秆燃料化，有序发展以秸秆为原料的生物质能，因地制宜发展秸秆固化、生物炭等燃料化产业，逐步改善农村能源结构。推进粮食烘干、大棚保温等农用散煤清洁能源替代，2025 年大气污染防治重点区域基本完成。促进秸秆基料化和原料化，发展食用菌生产等秸秆基料，引导开发人造板材、包装材料等秸秆原料产品，提升秸秆附加值。培育秸秆收储运服务主体，建设秸秆收储场（站、中心），构建秸秆收储和供应网络。建立健全秸秆资源台账，强化数据共享应用。严格禁烧管控，防止秸秆焚烧带来区域性大气污染。

第三节 加强白色污染治理

推进农膜回收利用。落实严格的农膜管理制度，加强农膜生产、销售、使用、回收、再利用等环节管理。推广普及标准地膜，开展地膜覆盖技术适宜性评估，因地制宜调减作物覆膜面积。强化市场监管，禁止企业生产、采购、销售不符合国家强制性标准的地膜。积极探索推广环境友好生物可降解地膜。促进废旧地膜加工再利用，培育专业化农膜回收主体，发展废旧地膜机械化捡拾，建设农膜储存加工场点。建立健全农膜回收利用机制，在西北地区支持一批用膜大县整县推进农膜回收，加强长江经济带农膜回收利用，健全回收网络体系。开展区域农膜回收补贴制度试点，探索建立地膜生产者责任延伸制度。建立健全农田地膜残留监测点，开展常态化、制度化监测评估。

推进包装废弃物回收处置。严格农药包装废弃物管理，按照"谁生产、经营，谁回收"的原则，建立农药生产者、经营者包装废弃物回收处置责任。鼓励采取押金制、有偿回收等措施，引导农药使用者交回农药包装废弃物。以农资经销店为依托合理布局回收站点，完善农药包装废弃物回收体系，推进农药包装废弃物资源化利用和无害化处置。加强农药包装废弃物回收处理活动环境污染防治的监管。合理处置肥料包装废弃物，对有再利用价值的肥料包装废弃物进行再利用，促进包装废弃物减量。无利用价值的纳入农村生活垃圾处理体系集中处理。

第五章　加强农业生态保护修复 提升生态涵养功能

树立尊重自然、顺应自然、保护自然的生态文明理念，按照生态系统的整体性、系统性及其内在规律，统筹推进山水林田湖草沙系统治理，保护修复农业生态系统，增强生态系统循环能力，提升农业生态产品价值。

第一节　治理修复耕地生态

健全耕地轮作休耕制度。推动用地与养地相结合，集成推广绿色生产、综合治理技术模式。坚持轮作为主、休耕为辅，在确保国家粮食安全前提下，调整优化耕地轮作休耕规模和范围，在东北地区、黄淮海和长江流域等开展轮作，在地下水超采区、生态严重退化区等开展休耕，促进耕地休养生息和可持续发展。

实施污染耕地治理。开展土壤污染状况调查，优化土壤环境质量监测网络，摸清底数，建立台账，长期监测。实施耕地土壤环境质量分类管理，建立完善优先保护类、安全利用类和严格管控类耕地管理清单。分类分区开展污染耕地治理，对轻中度污染耕地采取农艺措施治理修复，加大安全利用技术推广力度；对重度污染耕地实行严格管控，开展种植结构调整、耕地休耕试点。在土壤污染面积较大的 100 个县推进农用地安全利用技术示范。巩固提升受污染耕地安全利用水平，到 2025 年受污染耕地安全利用率达到 93%左右。

第二节　保护修复农业生态系统

建设田园生态系统。建设农田生态廊道，营造复合型、生态型农田林网，恢复田间生物群落和生态链，增加农田生物多样性。发挥稻田生态涵养功能，稳定水稻种植面积，在大城市周边建设一批稻田人工湿地，推广稻渔生态种养模式。优化乡村功能，合理布局种植、养殖、居住等，推进河湖水系连通和生态修复，增加湿地、堰塘等生态水量，增强田园生态系统的稳定性和可持续性。

保护修复森林草原生态。开展大规模国土绿化行动，持续加强林草生态系统修复，增加林草资源总量，提高林草资源质量，加强农田防护林保护。修复重要生态系统，宜乔则乔、宜灌则灌、宜草则草，因地制宜、规范有序推进青藏高原生态屏障区、黄河重点生态区等重点区域生态保护和修复重大工程建设。坚持基本草原保护制度，完善草原家庭承包责任制度，加快建立全民所有草原资源有偿使用和所有权委托代理制度。对严重退化、沙化、盐碱化的草原和生态脆弱区的草原实行禁牧，对禁牧区以外的草原实行季节性休牧，因地制宜开展划区轮牧，促进草畜平衡。

开发农业生态价值。落实 2030 年前力争实现碳达峰的要求，推动农业固碳减排，强化森林、草原、农田、土壤固碳功能，研发种养业生产过程温室气体减排技术，开发工厂化农业、农渔机械、屠宰加工及储存运输节能设备，创新农业废弃物资源化、能源化利用技术体系，开展减排固碳能源替代示范，提升农业生产适应气候变化能力。在严格保护生态环境的前提下，挖掘自然风貌、人文环境、乡土文化等价值，开发休闲观光、农事体验、生态康养等多种功能。实施优秀农耕文化保护与传承示范工程，发掘农业文化遗产价值，保护传统村落、传统民居。

第三节　加强重点流域生态保护

推动长江经济带农业生态修复。实施长江"十年禁渔"，推进沿江渔政执法能力建设，加强执法监督和市场监管，开展非法捕捞专项整治。巩固退捕渔民安置保障成果，全面落实好退捕渔民社会保障政策，提高转产就业的稳定性。启动长江水生生物多样性保护工程，开展水生生物栖息地修复、人工迁地繁育和增殖放流，实施中华鲟、长江鲟、长江江豚等珍稀濒危物种拯救行动计划，推动长江水生生物恢复性增长。健全长江水生生物资源与栖息地监测网络，建立实施长江水生生物完整性评价指标体系，科学评估长江禁渔效果。持续开展长江经济带农业面源污染防治，减少农业污染物排放，有效解决农业面源污染突出问题。

加强黄河流域农业生态保护。将水资源作为最大的刚性约束，严格落实以水定地要求，统筹推进地下水超采综合治理。推进农业深度节水控水，因水施种，因地制宜调整种植结构，发展节水农业、旱作农业。加强上游重点生态系统保护和修复力度，通过禁牧休牧、划区轮牧以及发展生态、休闲、观光牧业等手段，引导农牧民调整生产生活方式。创新中游黄土高原水土流失治理模式，积极开展小流域综合治理、旱作梯田、淤地坝建设。加强下游滩区生态综合整治，构建滩河林田草综合生态空间。以引黄灌区为重点开展盐碱化耕地改造，加强汾渭平原、河套灌区等区域农业面源污染治理。落实黄河禁渔期制度，持续开展水生生物增殖放流，修复黄河水生生态系统。

第六章　打造绿色低碳农业产业链 提升农业质量效益和竞争力

推动农业绿色发展、低碳发展、循环发展，全产业链拓展农业绿色发展空间，推动形成节约适度、绿色低碳的生产生活方式，坚定不移走绿色低碳循环发展之路。

第一节　构建农业绿色供应链

推进农产品加工业绿色转型。坚持加工减损、梯次利用、循环发展方向，统筹发展农产品初加工、精深加工和副产物加工利用。促进农产品商品化处理，改善田头预冷、仓储保鲜、原料处理、分组分割、烘干分级等设施装备条件，减少产后损失。加快绿色高效、节能低碳的农产品精深加工技术集成应用，生产开发营养安全、方便实惠的食用农产品。集中建立农产品加工副产物收集、运输和处理设施，采取先进提取、分离与制备技术，加强农产品加工副产物综合利用，开发新能源、新材料、新产品。

建立健全绿色流通体系。发展农产品绿色低碳运输，以全链条、快速化为导向，建设水陆空一体、便捷顺畅、配送高效的多元联运网络。加快建设覆盖农业主产区和消费地的冷链物流基础设施，健全农产品冷链物流服务体系。加快农产品批发市场改造提升，配套分拣加工、冷藏冷冻、检验检疫和废弃物处理设施，加强市场数字化信息体系建设，推动农产品供应链可追溯。推广农产品绿色电商模式，创新农产品冷链共同配送、生鲜电商＋冷链宅配、中央厨房＋食材冷链配送等经营模式，实现市场需求与冷链资源高效匹配对接，降低流通成本及资源损耗。

促进绿色农产品消费。健全绿色农产品标准体系，加强绿色食品、有机农产品、地理标志农产品认证管理，深入推进食用农产品达标合格证制度试行，进一步推广运用农产品追溯体系，提高绿色农产品的市场认可度。推动批发市场、超市、电商设立绿色农产品销售专区专馆专柜，引导企业和居民采购消费绿色农产品。倡导绿色低碳生活方式，开展农产品过度包装治理，坚决制止餐饮浪费行为。

第二节　推进产业集聚循环发展

促进产业融合发展。以绿色为导向，推动农业与食品加工业、生产服务业和信息技术融合发展，建设一批绿色农业产业园区、产业强镇、产业集群，带动农村一二三产业绿色升级。推进要素集聚，统筹产地、销区和园区布局，引导资本、科技、人才、土地等要素向农产品主产区、中心乡镇和物流节点、重点专业村聚集，促进产业格局由分散向集中、发展方式由粗放向集约、产业链条由单一向复合转变。推进企业集中，促进农产品加工与企业对接，引导大型农业企业重心下沉，向农产品加工园区集中，再造流通体系，降低交易成本，促进生产与加工、产品与市场、企业与农户协调发展。推进功能集合，合理布局种养、加工等功能，完善绿色加工物流、清洁能源供应、废弃物资源利用等基础设施，打造绿色产业链供应链，推动形成功能齐全、布局合理的绿色发展格局。

推动低碳循环发展。推动企业循环式生产、产业循环式组合，加快培育产业链融合共生、资源能源高效利用的绿色低碳循环产业体系,形成新的经济增长源。发展生态循环农业,合理选择农业循环经济发展模式,推动多种形式的产业循环链接和集成发展,促进农业废弃物资源化、产业化、高值化利用,发展林业循环经济,加快建立植物生产、动物转化、微生物还原的种养循环体系,打造一批生态农场样板。推动农业园区低碳循环,推动现代农业产业园区和产业集群循环化改造,建设一批具有引领作用的循环经济园区和基地,完善园区循环农业产业链条,实现资源循环利用、废弃物集中安全处置、垃圾污水减量排放,形成种养加销一体、农林牧渔结合、一二三产业联动发展的现代复合型循环经济产业体系。

第三节　实施农业生产"三品一标"行动

深入推进农业供给侧结构性改革,推进品种培优、品质提升、品牌打造和标准化生产,提升农产品绿色化、优质化、特色化和品牌化水平。

推进品种培优。发掘优异种质资源,筛选一批绿色安全、优质高效的种质资源。启动重点种源关键核心技术攻关和农业生物育种重大科技项目,落实新一轮畜禽水产遗传改良计划,自主培育一批突破性绿色品种。加强良种繁育基地建设,加快推进南繁硅谷和甘肃玉米、四川水稻、黑龙江大豆等国家级育制种基地建设,在适宜地区建设一批作物和畜禽水产良种繁育基地。

推进品质提升。推广强筋弱筋优质小麦、高蛋白高油玉米、优质粳稻籼稻、高油高蛋白大豆等良种,提升粮食营养和品质。推广一批生猪、奶牛、禽类、水产和优质晚熟柑橘、特色茶叶、优质蔬菜、道地中药材等良种,提升"菜篮子"产品质量。集成推广绿色生产技术模式,净化农业产地环境,推广绿色投入品,促进优质农产品生产。构建农产品品质评价标准体系,分行业分品种筛选农产品品质核心指标,推动农产品分等分级和包装标识。

推进农业品牌建设。构建农业品牌体系,建立品牌标准体系,打造一批地域特色突出、产品特性鲜明的区域公用品牌,鼓励龙头企业打造知名度高、竞争力强的企业品牌,培育一批"大而优"

"小而美"的农产品品牌。完善品牌发展机制，健全农业品牌目录制度，实行动态管理，强化农业品牌监管。开展品牌宣传推介活动，挖掘和丰富农业品牌文化内涵，讲好农业品牌故事，增强农业品牌知名度、美誉度和影响力。

推进标准化生产。建立全产业链农业绿色发展标准体系，加快产地环境、投入品管控、农兽药残留、产品加工、储运保鲜、分等分级关键环节标准制修订。开展全产业链标准化试点，建设现代农业全产业链标准化基地，培育一批农业企业标准"领跑者"。实施农业标准化提升计划，推动新型农业经营主体按标生产，发挥示范推广作用，带动农业大规模标准化生产。

第七章　健全绿色技术创新体系 强化农业绿色发展科技支撑

深入实施创新驱动发展战略，加快农业绿色发展科技自主创新，构建农业绿色发展技术体系，推进要素投入精准减量、生产技术集约高效、产业模式生态循环、设施装备配套齐全，推动农业科技绿色转型。

第一节　推进农业绿色科技创新

推进绿色技术集成创新。加强绿色科技基础研究，深化农业绿色发展基础理论研究，加快突破一批重大理论和工具方法，加强科研基础设施、资源生态监测系统等建设，强化长期性、稳定性、基础性支撑。开展关键技术攻关，围绕农业深度节水、精准施肥用药、重金属及面源污染治理、退化耕地修复等，组织科研和技术推广单位开展联合攻关，攻克一批关键核心技术，研发一批绿色投入品。推进技术集成创新，熟化核心技术，推动农业生产数字化、智能化与绿色化改造，组装集成一批不同品种、不同区域的绿色技术，建立农业绿色发展技术体系。

加快绿色农机装备创制。按照智能、系统集成理念，推动农机装备向模式化、智能化转变。完善绿色农机装备创新体系，瞄准农业绿色发展机械化需求，以企业为主体、市场为导向，促进产学研推用深度融合。推动农机装备研发升级，鼓励农机装备企业攻克关键核心技术、基础材料及制造工艺等短板，推动高效节能农用发动机、高速精量排种器、喷雾机喷嘴等重要零部件研发制造，深化北斗系统在农业生产中的推广应用，加快产业化步伐，推动传统农机装备向绿色、高效、智能、复式方向升级。加快绿色高效技术装备示范推广，稳定实施农机购置补贴政策，将更多支持农业绿色发展机具、智能装备纳入补贴范围，加快绿色机械应用推广。加强绿色农机标准制定，推进农业机械排放标准升级，加快淘汰耗能高、污染重、安全性能低的老旧农机装备。

建设农业绿色技术创新载体。推进农业绿色技术创新平台建设，布局一批国家级、省部级（重点）实验室、农业科学观测实验站，组织现代农业产业技术体系开展绿色技术创新。引导大型农业企业集团搭建绿色技术创新平台，建立绿色技术创新中心，参与承担国家重大科技专项、国家重点研发计划等。加快农业绿色发展科技创新联盟发展，集聚科研院校、涉农企业、社会团体等各类创新主体力量，开展产学研企联合攻关，加快突破农业绿色发展技术瓶颈。

第二节　加快绿色适用技术推广应用

推进绿色科技成果转化。建立健全农业科技成果评估制度，组织开展农业绿色科技成果第三方评估，重点推进知识产权评议、成果价值评估、技术风险评价等。建立农业绿色科技成果转化平台，支持农业科研院校建立技术转移中心、成果孵化平台、创新创业基地等。定期公布科技成果和相关知识产权信息，采取研发合作、技术转让、技术许可、作价投资等形式，推动科技成果与绿色产业有效对接。建立绿色发展科技成果转化激励制度，强化股权和分红激励政策，推动绿色科技成果向生产领域转化。

推进绿色技术先行先试。开展绿色技术应用试验，以国家农业绿色发展试点先行区为重点，探索不同生态类型、不同主导品种的农业绿色发展典型模式。开展农业绿色发展综合试点，选择一批新型农业经营主体，探索节肥节药、废弃物循环利用市场化运行机制。开展农业绿色发展长期固定观测，布局建设一批观测试验站，完善观测技术装备条件。搭建国家农业绿色发展观测数据平台，开展观测数据分析评价。推进重要农业资源台账建设，摸清农业资源底数。开展国家农业农村绿色发展监测预警，优化监测点位布局，建立健全农业农村绿色发展全过程监测预警体系，持续实施产地土壤环境、农田氮磷流失、农田地膜残留等监测。

引导小农户应用绿色技术。开展绿色生产技术示范，加强主体培育、科技服务、技术培训、社会化服务，提升小农户生产绿色化水平。实施科技服务小农户行动，建立健全农业科技社会化服务体系，支持小农户运用优良品种、绿色技术、节能农机等发展智慧农业、循环农业等现代农业。实施小农户能力提升工程，采取农民夜校、田间学校等形式，开展绿色技术培训，支持小农户开展联户经营、联耕联种，接受统耕统收、统配统施、统防统治等社会化服务，降低生产经营成本。鼓励有长期稳定务农意愿的小农户稳步扩大规模，采用绿色农业技术，开展标准化生产。

第三节 加强绿色人才队伍建设

健全基层农技推广服务体系。推动基层农技推广机构建设，保障必需的试验示范条件和技术服务设备设施，加强绿色增产、生态环保、质量安全等领域重大关键技术示范推广。支持基层农技推广人员进入家庭农场、合作社和农业企业，为小农户和新型农业经营主体提供全程化、精准化和个性化绿色生产技术服务。创新农技推广机构管理机制，将绿色技术、数字技术推广服务成效纳入责任绩效考评指标体系。

培育新型农业经营主体。充分发挥新型农业经营主体对市场反应灵敏、对绿色新品种新技术新装备采用能力强的优势，积极培育和壮大新型经营主体。支持发展家庭农场和农民合作社，培育农业产业化龙头企业和联合体。引导新型农业经营主体发展绿色农业、生态农业、循环农业，推进生态农场建设，率先运用绿色生产技术，开展标准化生产，提高绿色技术示范应用水平。鼓励广大科技特派员在农业绿色发展领域创新创业。支持新型农业经营主体带动普通农户发展绿色种养，提供专业化全程化绿色技术服务。

培养绿色技术推广人才。创新绿色技术推广人才培养模式，加快培养农业绿色生产高素质应用型人才。培养新型农业经营主体带头人，增加农业绿色生产技能培训课程，强化绿色发展理论教学和实践操作。加强农村实用人才培养，依托高素质农民培育计划，加大绿色技术培训力度，提高绿色生产技术水平。发挥高等院校、科研单位作用，增设农业绿色发展专业，在生产一线建立科技小院、实习基地，指导科研人才参与绿色技术推广。

第八章　健全体制机制　增强农业绿色发展动能

以改革创新为动力，建立农业绿色发展的目标责任、考核制度、奖惩机制，强化制度约束，完善市场机制，引导社会参与，加快推动农业发展由数量导向转向提质导向，切实改变农业过度依赖资源消耗的发展模式。

第一节　完善法律法规约束机制

健全法律法规体系。推进农业绿色发展领域立法，推动制修订渔业法、畜牧法、农产品质量安全法、进出境动植物检疫法、植物新品种保护条例、基本农田保护条例等法律法规。强化重点区域农业绿色发展法制保障，完善长江保护规章制度，研究起草《长江水生生物保护管理规定》，推动将黄河流域农业生态保护等纳入相关法律法规。开展配套规章建设，研究制修订农作物病虫害防治、外来入侵物种管理等规章。健全重大环境事件和污染事故责任追究制度及损害赔偿制度，提高惩罚标准和违法成本。

加大执法力度。强化重点领域执法，严格执行农业资源环境保护、农产品质量安全、农业投入品生产使用等领域法律法规，持续实施农产品质量安全"治违禁控药残促提升"、长江禁渔、海洋伏季休渔等专项执法行动，加大破坏农业资源环境等违法案件查处力度。提升农业绿色发展执法能力，推进农业综合行政执法，加强执法设施装备建设。推动行政执法机关与司法机关、监察机关的工作衔接配合。

第二节　健全政府投入激励机制

完善农业资源环境保护政策。优化耕地地力保护补贴，探索推进补贴发放与耕地地力保护行为相挂钩，引导农民秸秆还田、科学施肥用药。引导农业投入品减量增效，支持重点作物绿色高质高效生产，开展化肥农药减量增效示范。推进废弃物资源化利用，支持在畜牧养殖大县、粮食和蔬菜主产区、生态保护重点区域开展绿色种养循环农业试点，整县推进粪肥就地消纳、就近还田。全面实施秸秆综合利用行动，实行整县集中推进。加快建立地膜使用和回收利用机制，支持有条件的地区开展全生物可降解地膜和机械化回收农膜。

健全生态保护补偿机制。支持开展退化耕地治理，继续实施耕地轮作休耕制度。完善退耕还林还草政策，巩固工程建设成果。继续实施第三轮草原生态保护补助奖励政策，促进草原生态保护和草原畜牧业发展。实施新一轮渔业发展补助政策，强化渔业资源环境养护，促进渔业绿色循环发展。

建立多渠道投入机制。完善财政激励政策，加大公共财政对农业绿色发展支持力度，推动财政资金支持由生产领域向生产生态并重转变。将符合条件的农业绿色发展项目纳入地方政府债券支持范围。创新绿色金融政策，丰富完善信贷、保险、基金等绿色金融产品体系，探索建立农业生态补偿等质押融资贷款。完善农业绿色信贷增信机制，鼓励金融机构向绿色有机、低碳循环农业生产企业提供融资支持，适度扩大农业绿色发展金融投入规模。鼓励地方创新优质特色农产品保险产品和服务。引导社会投入，鼓励企业利用外资、发行企业债券等方式，实施一批政府和社会资本合作项目，扩大农业绿色发展社会投资。

第三节　建立市场价格调节机制

健全绿色价格机制。进一步完善和落实农业资源有偿使用制度，完善资源及其产品价格形成机制，推动农业资源保护与节约利用。深入推进农业水价综合改革，健全农业水价形成机制，配套建立精准补贴和节水奖励机制，用价格杠杆引导农民节约用水。

建立绿色产品市场价格实现机制。推进绿色优质农产品优质优价，建立优质农产品评价体系，完善农产品分等分级制度，持续推进农产品品质和营养成分监测，让好产品卖出好价格。加强绿色优质农产品市场监管，建立绿色优质农产品产地准出和市场准入制度，严厉打击以假乱真、以次充好等行为，规范市场秩序。加快农产品质量安全信用体系建设，建立农产品生产者、经营者诚信档案，加强信用管理，落实生产经营主体诚信责任。建立健全生态产品价值实现机制，探索开展农业生态产品价值评估，健全生态产品经营开发机制。通过原生态种养、精深加工、休闲旅游、品牌打造等模式，拓展提升生态产品价值，协同推进生态产品市场交易与生态保护补偿，实现生态产品价值有效转化。

培育绿色农业交易市场。培育和发展交易市场，健全生态产品市场体系，依托规范的公共资源和产权交易平台，探索开展农业排污权、水权等交易，完善农业生态产品价格形成机制，探索建立初始分配、有偿使用、市场交易、纠纷解决、配套服务等制度。推进市场化经营性服务，开展农业生态系统损害监测评价，建立生态环境损害赔偿制度，支持从事农业资源保护、废弃物资源化利用、环境污染治理和绿色生产服务的龙头企业和专业化服务组织制定高效规范的标准体系。

第九章　规划实施

牢固树立和践行"绿水青山就是金山银山"理念，调动各方面资源要素，凝聚全社会力量，完善规划实施保障机制，形成推进农业绿色发展工作合力。

第一节　加强组织领导

落实"推进农业绿色发展是农业发展观的一场深刻革命"的重要指示要求，加强组织领导，建立国家统筹、省负总责、市县抓落实的工作机制。国家层面由农业农村部牵头建立规划协调推进机制，制定规划实施任务清单和工作台账，跟踪督促重点任务落实。各地区各部门结合实际，明确目标任务，细化政策措施，加强资金统筹，推进规划落实。国家农业绿色发展试点先行区要进一步加强组织领导，加快先行先试，为规划落实落地探索新路。

第二节　开展绩效评价

制定农业绿色发展评价指标体系，进一步完善综合评价方法，科学运用统计数据、长期固定观测试验数据和重要农业资源台账等数据资源，开展农业绿色发展效果评价。建立健全规划实施监测评估机制，完善化肥农药使用量、废弃物资源化等调查核算方法，加强数据分析、实地调查、工作调度，对规划实施情况进行跟踪监测，科学评估规划进展情况。强化效果评价结果应用，探索将耕地保护、节约用水、化肥农药减量、养殖投入品规范使用、废弃物资源化利用、长江"十年禁渔"等任务完成情况，纳入领导干部任期生态文明建设责任制、乡村振兴实绩考核范畴。

第三节　加强宣传引导

开展普法宣传，结合宪法宣传周、中国农民丰收节等重要时间节点，开展农业绿色发展法律法规宣传教育，增强农民节约资源、保护环境的法治观念。推介典型案例，宣传可复制可推广农业绿色发展案例，讲好农业绿色发展故事。实施农业绿色发展全民行动，广泛开展绿色低碳生产生活宣传，推动形成厉行节约、反对浪费的绿色生活方式，营造全社会共同推进农业绿色发展的良好氛围。